ベターホームの
野菜料理

野菜料理　目次

あ

アスパラガス
- アスパラガスと えびの卵いため …… 12
- アスパラガスと トマトのサラダ …… 13
- アスパラベーコンいため …… 13
- アスパラガスの肉巻き …… 14
- ミニアスパラガスの みそいため …… 14

アボカド
- アボカドまぐろ …… 15
- アボカドディップ …… 15

いんげん →さやいんげん …… 64

うど
- うどの酢みそ …… 16
- うどのきんぴら …… 16
- うどの たらこマヨネーズサラダ …… 17
- うどの天ぷら …… 17

か

枝豆
- 枝豆のさやごと煮 …… 18
- 枝豆の塩ゆで …… 18
- 枝豆の梅ごはん …… 19
- 枝豆サラダ …… 19

えのきだけ・エリンギ →きのこ …… 67

えんどう →さやえんどう …… 30

オクラ
- オクラとたこの梅だれ …… 20
- オクラと長いもの小鉢 …… 20
- オクラのいため煮 …… 21
- オクラのカレーいため …… 21

かぶ
- かぶのグラタン …… 22
- かぶのさっとゆでサラダ …… 23
- かぶのスープ …… 23
- かぶの煮もの …… 24
- かぶの浅漬け …… 24

かぼちゃ
- かぼちゃの はちみつレモン煮 …… 25
- かぼちゃの甘煮 …… 25
- かぼちゃのマッシュサラダ …… 26
- かぼちゃのミルクスープ …… 26
- かぼちゃのガーリック焼き …… 27
- かぼちゃのキッシュ …… 27

カリフラワー
- カリフラワーとかきの クリーム煮 …… 28
- カリフラワーのミモザサラダ …… 29
- カリフラワーの即席ピクルス …… 29

きのこ

- きのこのクリームパスタ …30
- きのこサラダ …31
- えのきの肉巻き …31
- えのきだけの当座煮 …32
- きのこごはん …32
- 焼きエリンギ …33
- なめこおろし …33
- しいたけのにんにくいため …34
- しいたけの肉詰め …34
- しめじと豚肉のオイスターいため …35
- とうふのしめじあん …35
- まいたけのバターいため …36
- まいたけの天ぷら …36
- まつたけごはん …37
- まつたけの吸いもの …37

キャベツ

- 回鍋肉（ホイコーロー）…38
- キャベツといかのいためもの …39
- ひと口キャベツ …39
- ロールキャベツ …40
- キャベツとソーセージの煮こみ …41
- 即席ザワークラウト …41
- コールスローサラダ …42
- キャベツとりんごのサラダ …42
- 新キャベツのにんにくいため …43
- 新キャベツの塩もみ …43

きゅうり

- きゅうりとささみの中華サラダ …44
- きゅうりの浅漬け …45
- きゅうりとしらすの酢のもの …45
- きゅうりのポリポリサラダ …46
- きゅうりのナムル …46

栗

- 栗ごはん …47

グリーンアスパラガス

→アスパラガス …12

グリーンピース

- グリーンピースごはん …48
- 青豆の翡翠煮（ひすい）…48

クレソン

- クレソンとほたてのサラダ …49

ゴーヤ

- ゴーヤチャンプルー …50
- ゴーヤとトマトの洋風煮もの …51
- ゴーヤと肉のみそいため …51
- ゴーヤのピクルス …52
- ゴーヤの酢のもの …52
- ゴーヤのツナサラダ …52

コーン

→とうもろこし …108

ごぼう

- とりごぼうめし …53
- ごぼうサラダ …54
- 新ごぼうのみそ汁 …54
- 柳川ごぼう（やながわ）…55
- きんぴらごぼう …55

さ

こまつな
- こまつなぎょうざ … 56
- こまつなと さつま揚げの煮もの … 57
- こまつなとゆばの わさびあえ … 57

さつまいも
- さつまいもと豚肉の煮もの … 58
- さつまいもサラダ … 59
- さつまいものジュース煮 … 59
- さつまいもの田舎煮 … 60
- 大学いも … 60

さといも
- さといもといかの煮もの … 61
- きぬかつぎ … 62
- さといもととり肉の こっくり煮 … 62
- つきいものごまあえ … 63
- さといも汁 … 63

さやいんげん
- さやいんげんと はるさめのいため煮 … 64
- さやいんげんと肉のサラダ … 65
- さやいんげんと さつま揚げの煮もの … 65
- さやいんげんの しょうがあえ … 66
- モロッコいんげんの かんたんいため … 66

さやえんどう・スナップえんどう
- さやえんどうとささみの バターいため … 67
- さやえんどうと えのきのおひたし … 68
- さやえんどうの卵とじ … 68
- スナップえんどうと いかの中華いため … 69
- スナップえんどうのサラダ … 69

しいたけ→きのこ … 30

ししとうがらし
- ししとうとじゃこのいため煮 … 70

- 青とうがらしのみそいため … 70

しめじ→きのこ … 30

じゃがいも
- じゃがいもと豚肉の こっくり煮 … 71
- 肉じゃが … 72
- じゃがいもの梅いため … 72
- ポテトコロッケ … 73
- じゃがいもの ベーコンいため … 74
- ポテトとチキンの ワイン蒸し焼き … 74
- ポテトグラタン … 75
- ビシソワーズ … 75
- じゃがいもの 厚焼きオムレツ … 76
- ハッシュドブラウンポテト … 76
- じゃがいももちのあんかけ … 77
- じゃがいもきんぴら … 77
- ポテトサラダ … 78
- 豆入りポテトサラダ … 78

さ・す・せ行

・新じゃがの揚げ煮 ... 79
・新じゃがのハーブバター煮 ... 79

しゅんぎく
・しゅんぎくのかき揚げ ... 80
・しゅんぎくのサラダ ... 81
・しゅんぎくの白あえ ... 81

ズッキーニ
・ズッキーニのから揚げ ... 82
・ズッキーニのフライパン焼き ... 83
・ズッキーニのナムル ... 83

スナップえんどう
→ さやえんどう・スナップえんどう ... 67

せり
・せりのひっつみ汁 ... 84
・せりとかきのごま油いため ... 85
・せりのくるみあえ ... 85

セロリ
・セロリと牛肉のオイスターソースいため ... 86

・セロリの葉のおかかあえ ... 86
・セロリとたこのマリネ ... 87
・セロリとささみのサラダ ... 87

そら豆
・そら豆の甘から煮 ... 88
・ガーリックそら豆 ... 88
・そら豆とえびのいため煮 ... 89
・そら豆のチーズ焼き ... 89

た

タアサイ・チンゲンサイ
・タアサイのにんにくいため ... 90
・チンゲンサイといかの塩いため ... 91
・チンゲンサイのかき油かけ ... 91

だいこん
・だいこんとスペアリブの煮こみ ... 92
・ぶりだいこん ... 93
・だいこんのほたてあん ... 93
・ふろふきだいこん ... 94

・だいこんと厚揚げのいため煮 ... 95
・白身魚のおろし煮 ... 95
・紅白なます ... 96
・だいこんの韓国風香味漬け ... 96
・だいこんのパリパリサラダ ... 97
・だいこんとツナのサラダ ... 97
・だいこんの割り漬け ... 98
・だいこんのしょうゆ漬け ... 98
・だいこんの葉のさっといため ... 99
・だいこんの皮のきんぴら ... 99

たけのこ
・たけのこのオイスターソースいため ... 100
・たけのこのとろり煮 ... 101
・たけのこのおか煮 ... 101
・たけのこごはん・若竹汁 ... 102

たまねぎ
・たまねぎのトマトカレー煮 ... 103
・たまねぎの肉巻き ... 104

・いわしとたまねぎのマリネ …… 104
オニオングラタンスープ …… 105
・新たまねぎのさっといため …… 105
・スライスオニオン …… 105

チンゲンサイ
→タアサイ・チンゲンサイ …… 90

とうがん
・とうがんのえびあんかけ …… 106
・とうがんとかにの中華サラダ …… 107
・とうがんのスープ …… 107

とうもろこし
・とうもろこしと手羽元の煮もの …… 108
・コーンポテトサラダ …… 109
・コーンのミルクスープ …… 109

トマト
・トマトのえびチリソースいため …… 110
・トマトの冷製サラダ …… 111

・トマトのさっといため …… 111
・トマトカップのチーズ焼き …… 112
・トマトソース …… 112
・トマトのシロップ漬け …… 113
・ミニトマトとモッツァレラのサラダ …… 113

な

なが
・ながいも →やまのいも …… 162

なす
・マーボーなす …… 114
・揚げなすの香味だれ …… 115
・なすの鍋しぎ …… 115
・なすのミートソースグラタン …… 116
・なすの田楽 …… 117
・なすのからしじょうゆあえ …… 117
・蒸しなすのごま酢あえ …… 118
・焼きなす …… 118
・なすと豚肉のケチャップいため …… 119

・なすの煮もの …… 119

菜の花
・菜の花と牛肉の混ぜごはん …… 120
・菜の花の卵巻き …… 121
・菜の花とたいのからしあえ …… 121

にがうり →ゴーヤ …… 50

にら
・にらレバいため …… 122
・にらのたこキムチいため …… 123
・にらのチヂミ …… 123
・にらたまみそ汁 …… 124
・にらのおひたし …… 124

にんじん
・にんじんの煮サラダ …… 125
・にんじんとグレープフルーツのサラダ …… 126
・にんじんのポタージュ …… 126
・にんじんピラフ …… 127
・にんじんのみそきんぴら …… 127

は

にんにくの芽
- にんにくの芽と牛肉の中華いため …… 128
- にんにくの芽といかのコチュジャンあえ …… 129
- にんにくの芽とほたてのバター焼き …… 129

ねぎ
- ねぎととり肉の焼きびたし …… 130
- ねぎの肉あんかけ …… 131
- わけぎのぬた …… 131
- 豚しゃぶの小ねぎがけ …… 132
- ねぎのごま酢あえ …… 132

はくさい
- はくさいのスープ煮 …… 133
- はくさいと厚揚げのいため煮 …… 134
- はくさいととり肉のクリーム煮 …… 134
- はくさいとささみのピリ辛ごまあえ …… 135
- 水キムチ …… 135
- はくさいの即席漬け …… 136
- はくさいの甘酢漬け …… 136
- はくさいととりんごのサラダ …… 137
- はくさいの海鮮サラダ …… 137

ピーマン
- ピーマンの肉詰め …… 138
- 青椒肉絲（チンジャオロース―）…… 139
- イタリア風焼きピーマン …… 139
- ピーマンとじゃこのいため煮 …… 140
- ピーマンとわかめのいり煮 …… 140
- ピーマンのアンチョビいため …… 141
- ピーマンのピリ辛あえ …… 141

ふき
- ふきと高野どうふの含め煮 …… 142
- ふきのサラダ …… 143
- ふきと油揚げの煮もの …… 143

ブロッコリー
- ブロッコリーと牛肉のいためもの …… 144
- ブロッコリーのオイルパスタ …… 145
- ブロッコリーのチーズ焼き …… 145
- ブロッコリーのからしじょうゆあえ …… 146
- ブロッコリーのかにあんかけ …… 146
- ブロッコリーのチーズおかかあえ …… 147
- ブロッコリーのめんたいマヨネーズサラダ …… 147

ほうれんそう
- 常夜鍋（じょうやなべ）…… 148
- ほうれんそうチャーハン …… 149
- ほうれんそうと長いものおひたし …… 149
- ほうれんそうのごまあえ …… 150
- ほうれんそうのにんにくいため …… 150

ま

- ・ほうれんそうチャンプルー …… 151
- ・ほうれんそうサラダ …… 151

まいたけ・まつたけ ↓きのこ …… 30
マッシュルーム ↓きのこ …… 30

みず菜
- ・はりはり鍋 …… 152
- ・みず菜ととうふの和風サラダ …… 153
- ・みず菜とたこの中国風サラダ …… 153
- ・みず菜の煮びたし …… 154
- ・みず菜の即席漬け …… 154

みつば
- ・根みつばのいためもの …… 155
- ・みつばの卵とじ …… 156
- ・みつばのあえもの …… 156

もやし
- ・マーボーもやし …… 157
- ・もやしと肉のいためもの …… 158
- ・大豆もやしのナムル …… 158
- ・もやしとみつばのごま酢あえ …… 159
- ・もやしの中華サラダ …… 159

モロヘイヤ
- ・モロヘイヤそうめん …… 160
- ・モロヘイヤのおひたし …… 160
- ・モロヘイヤのカレーかき揚げ …… 161
- ・モロヘイヤスープ …… 161

やらわ

やまのいも
- ・麦とろ …… 162
- ・かつおの長いも山かけ …… 163
- ・やまいもの落とし揚げ …… 163
- ・長いものひき肉いため …… 164
- ・長いものとろろサラダ …… 164
- ・長いもと黄菊の酢のもの …… 165
- ・長いもの含め煮 …… 165

レタス
- ・レタスの油がけ …… 166
- ・レタスのスープ …… 166
- ・レタスの和風サラダ …… 167
- ・レタスの肉みそかけ …… 167

れんこん
- ・れんこんのはさみ揚げ …… 168
- ・れんこんと手羽先の煮もの …… 169
- ・れんこんといちごのサラダ …… 169
- ・れんこんのいためなます …… 170
- ・れんこんの梅あえ …… 170
- ・れんこんの中華あえ …… 170
- ・れんこんの蒸しもの …… 171
- ・れんこんのエスニックスープ …… 171

わけぎ ↓ねぎ …… 130

＊

野菜の扱い方① 野菜の切り方 ……172

野菜たっぷり料理
・野菜の和風煮もの ……174
・野菜の揚げびたし ……175
・野菜チップス ……175
・野菜のピクルス ……176
・ラタトイユ ……177
・ミネストローネ風スープ ……178
・野菜カレー ……179
・野菜の和風ポトフ ……180

・野菜のトマトシチュー ……181

山菜
・おもな山菜の種類と特徴 ……182
・こごみのおかかじょうゆ ……183
・のびるの酢みそあえ ……183
・たらの芽のごまあえ ……183
・ふきみそ ……183

サラダの葉もの野菜
・葉もの野菜の種類と特徴 ……184
・ルッコラとトマトのサラダ ……185
・チコリのオードブル ……185
・シーザーサラダ ……185

・ロメインレタスサラダ ……185

フレッシュハーブ
・フレッシュハーブの種類と特徴 ……186
・えびの香菜いため ……187
・白身魚のハーブパン粉焼き ……187
・スモークサーモンのディルドレッシング ……187
・バジルトマトのブルスケッタ ……187

野菜の扱い方② 野菜の保存 ……188

この本の特徴と使い方

調理時間
特に記述のない場合は、作り始めからできあがりまでの時間です。つけおき時間、炊飯時間なども含みます。

主菜・副菜・弁当
主菜・副菜の別はおかずのボリュームのめやすです。献立作りの参考に。

弁当
弁当のおかずにも使えるという意味です。なお、においの強い料理は省いています。

カロリー
カロリーは1人分です。

旬
従来の露地ものの一般的季節で示しています。品種改良や生産地の変化、ハウスもの、輸入ものの多様化で年中入手できるようになりました。が、多くの野菜は、旬の時期に質がもっとも充実し、おいしく、栄養価が高く、値段も安いので、参考にしてください。

保存
「野菜室」とは冷蔵庫の野菜室のこと。

100gはこのくらい
料理に使う分量や、食べる量の参考に。なお、野菜によっては50g分量などがあります。

材料は2人分
料理は2人分量のレシピです。ごはんを炊く料理など一部と、野菜たっぷり料理(p.173〜)は4人分量です。

この本の表記について

計量器	大さじ1＝15ml 小さじ1＝5ml カップ1＝200ml （米用カップ1＝180ml） ＊ml＝cc	**だし**	'かつおだし'をさします。
電子レンジ	500Wの加熱時間めやすです。600Wなら、0.8倍にしてください。	**スープの素**	「固形スープの素」「スープの素」「中華スープの素」の表記があります。固形スープの素とスープの素は、ビーフ、チキンなどお好みで。中華スープの素はチキンスープの素で代用できます。
オーブン温度	一般的電気オーブンの加熱温度のめやすです。ガスオーブンの場合は10℃くらい低くしてください。	**フライパン**	フッ素樹脂加工のフライパンを使っています。鉄製のフライパンを使う場合は、油の量を倍にしてください。

あいうえお順
野菜別の料理

アスパラガス
asparagus

- ▶ 旬　春〜初夏
- ▶ 選び方
穂先がかたくしまり、切り口がみずみずしいものが新鮮。グリーンアスパラガスは緑色が濃いものを。土をかぶせて栽培したホワイトアスパラガスもある。
- ▶ 栄養
アミノ酸の一種アスパラギン酸を含む。うま味のもととなり、体の新陳代謝を促す。
- ▶ 保存　（→p.188）
ポリ袋に入れ、穂を上にして立てた状態で野菜室に。鮮度が落ちやすいので、ゆでて冷蔵・冷凍しても。
- ▶ 調理のヒント

切り口のかたい部分を落とし、根元のかたい皮をむいて使う。

25分
主菜
弁当
222kcal

⬆ アスパラガスとえびの卵いため
アスパラは切るのがかんたんでうれしい素材
1束で彩りよい主菜に

材料（2人分）

グリーンアスパラガス
　　　　　……5本（100g）
えび（殻つき）……4〜5尾（100g）
A ┌ 酒……………小さじ1
　├ 塩……………少々
　└ かたくり粉…小さじ1
しょうが（みじん切り）
　　　　　……小1かけ（5g）
B ┌ 水……………カップ1/4
　├ 中華スープの素…小さじ1/2
　├ 酒……………大さじ1
　└ 塩……………小さじ1/6
卵………………2個
ごま油…………大さじ1・1/2

作り方

❶ アスパラガスは根元のかたい皮をむき、4〜5cm長さの斜め切りにします。

❷ えびは殻と背わたをとり、2〜3つに切ります。Aをもみこみます。

❸ 卵はほぐします。Bは合わせます。

❹ 大きめのフライパンにごま油大さじ1を熱し、卵を一気に入れてほぐし、半熟のうちにとり出します。

❺ 油大さじ1/2をたして、しょうが、えびの順に加えてさっといためます。Bを加え、沸とうしたらアスパラガスを加えます。1〜2分煮て汁気がなくなったら、卵をもどして火を止めます。

▶ **100gはこのくらい**

アスパラガスとトマトのサラダ
本来の甘味を存分に味わえます

材料 （2人分）
グリーンアスパラガス …5本（100g）
ミニトマト …………………2個
ソース ┌ マヨネーズ ………… 大さじ1・1/2
　　　 │ プレーンヨーグルト … 大さじ1
　　　 └ 粉チーズ…………… 大さじ1/2

作り方
① アスパラガスは根元のかたい皮をむき、長さを半分に切ります。熱湯で1〜2分ゆでます。
② ミニトマトはざく切りにします。ソースの材料は合わせます。
③ アスパラガスを盛りつけて、ソースをかけ、トマトを散らします。

ホワイトアスパラガスで。ホワイトはいたみやすいため缶詰が多く、生もかたくなりやすい。かたい場合は皮全体をむいて、長めにゆでる。

15分
副菜
弁当
88kcal

アスパラベーコンいため
粒マスタードが味のアクセントに

材料 （2人分）
グリーンアスパラガス …5本（100g）
たまねぎ ………………1/4個（50g）
ベーコン ………………… 2枚
オリーブ油 ……………… 大さじ1/2
粒マスタード …………… 小さじ1/2
塩………………………… 小さじ1/8

作り方
① アスパラガスは根元のかたい皮をむき、約5cm長さに切ります。太ければ縦半分にします。
② ベーコンは2cm幅に切り、たまねぎも同じくらいの大きさに切ります。
③ フライパンにオリーブ油とベーコンを入れていためます。ベーコンから脂が出てきたら、野菜を加えていため、油がなじんだら、粒マスタード、塩を加えて調味します。

15分
副菜
弁当
132kcal

アスパラガスの肉巻き
アスパラとばら肉との相性はぴったりです

材料（2人分）
グリーンアスパラガス …100g（4〜5本）
豚ばら肉（薄切り）………6枚（80g）
サラダ油……………………小さじ1
たれ ┌ 砂糖……………大さじ1
　　 │ 酒………………大さじ1
　　 │ みりん…………大さじ1
　　 └ しょうゆ………大さじ1

作り方
❶ アスパラガスは根元のかたい皮をむき、長さを4つに切ります。熱湯で1〜2分ゆでます。
❷ たれは合わせます。
❸ 豚肉を広げ、1/6量のアスパラガスをのせ、くるくると巻きます。6本作ります。
❹ フライパンに油を熱し、③を巻き終わりを下にして入れます。中火で上下を返して焼き、肉に火が通ったら、たれを加えてからめます。

20分
副菜
弁当
227kcal

ミニアスパラガスのみそいため
ミニはつけ合わせやお弁当にも活躍

材料（2人分）
ミニアスパラガス…………80g
豚もも肉（薄切り）………50g
ごま油………………………大さじ1/2
A ┌ みそ……………大さじ1
　│ 砂糖……………大さじ1
　└ 酒………………大さじ1・1/2

作り方
❶ アスパラガスは長さを半分に切ります。肉は1cm幅に切ります。Aはよく混ぜます。
❷ フライパンに油を熱し、肉を強火でいためます。色が変わったら、アスパラガスを加えて30秒ほどいためます。Aを加えてからめ、汁気がなくなったら火を止めます。

15分
副菜
弁当
117kcal

アボカド
avocado

▶ 選び方
皮が黒く、軽く持ってみて、少し弾力のあるものが食べごろ。皮が緑色でかたいものは常温に数日置いておく。

▶ 栄養
「森のバター」と呼ばれるほど栄養価が高い。脂肪分の多くは不飽和脂肪酸。抗酸化作用のあるビタミンEのほか、ミネラル、食物繊維も豊富。

▶ 保存 (→p.188)
皮が緑色でかたいものは室温に置いて追熟。熟したものは、ポリ袋に入れて冷蔵し、2～3日中に。

▶ 調理のヒント

・縦半分にぐるりと切り目を入れて、左右にひねって身を分け、種をとる。
・切り口が空気にふれると黒くなるので、レモン汁をふって防ぐ。

▶ 100gはこのくらい

↑ アボカドまぐろ
"切るだけ"が、なによりうれしいおかず

10分　副菜　208kcal

材料（2人分）
アボカド…………1個（200g）
　レモン汁………小さじ1/2
まぐろ（赤身）……100g
A ┃ 練りわさび…小さじ1
　 ┃ しょうゆ……大さじ1/2
みつば（または、かいわれだいこん）
　…………5g

作り方
❶ まぐろは1cm角に切ります。アボカドは種と皮をとり、1cm角に切ります。変色防止にレモン汁をふりかけます。
❷ Aを合わせてまぐろをあえ、アボカドをざっと混ぜます。みつばを切って散らします。

→ アボカドディップ
朝食やオードブルに

15分　副菜　100kcal

材料（4人分）
アボカド…………1個（200g）
　レモン汁………小さじ1
きゅうり　………1/2本
黒オリーブ（種抜き・輪切り）
　…………6切れ
A ┃ たまねぎ……10g
　 ┃ ワインビネガー（白）
　 ┃ 　…………大さじ1
　 ┃ オリーブ油…大さじ1
　 ┃ 塩　………小さじ1/6
クラッカー・パンなど
　…………適量

作り方
❶ たまねぎはみじん切りにして水にさらし、水気をしぼります。Aを混ぜます。
❷ きゅうりは5mm角に切ります。アボカドは果肉をざっとつぶし、レモン汁をふります。
❸ ①で、②と黒オリーブをあえます。クラッカーなどにのせて食べます。

10分 副菜 44kcal

うど
udo

- 旬　冬〜春
- 選び方
太くてしまり、先までピンとしているもの。全体にうぶ毛がしっかりついている。
- 栄養
栄養価は低いが、抗酸化作用のあるポリフェノールを含む。
- 保存（→p.188）
新聞紙で包んで冷暗所に。切ったものは切り口をラップで包み、ポリ袋に入れて野菜室に。
- 調理のヒント
・切ると茶色く変色するので、酢水に5〜6分つける（水カップ1に酢小さじ1の割合）。

・皮の繊維がかたいので厚めに皮をむく。皮はきんぴらに。

うどの酢みそ
春先の新わかめとの出会いの一品。伝統の味

材料（2人分）
うど …………1/3本（130g）
わかめ（塩蔵）…10g
からし酢みそ
￤ 練りがらし…小さじ1/4
￤ みそ…………大さじ1
￤ 砂糖・酢……各大さじ1

作り方
1. うどは4cm長さに切り、皮を厚めにむきます。縦の薄切りにし、酢水（水カップ1に対し酢小さじ1の割合・材料外）につけて変色を防ぎます。水気をきります。
2. 塩蔵わかめは洗い、熱湯に通してから水にとり、水気をしぼります。3cm長さに切ります。
3. 酢みその材料を混ぜます。①②を盛り、酢みそをかけます。

うどのきんぴら
小枝や皮もむだなく

材料（2人分）
うどの小枝・皮…1本分（180g）
サラダ油………大さじ1/2
￤ 酒・みりん …各大さじ1
￤ しょうゆ ……大さじ1

15分 副菜 弁当 70kcal

作り方
1. うどの小枝は4〜5cm長さの斜め薄切りに、皮は細切りにします。（洗ってあれば、うぶ毛はそのままでだいじょうぶ）
2. フライパンに油を熱し、うどを中火で1〜2分いため、調味料を加えて汁気がなくなるまでいためます。

100gはこのくらい

うどのたらこマヨネーズサラダ
春らしい色あいで歯ざわりもよい一品

材料（2人分）
うど‥‥‥‥‥‥‥‥‥‥‥‥‥‥‥1/3本（130g）
グリーンアスパラガス‥‥‥‥‥‥2本（40g）
たらこマヨネーズ ┌ たらこ‥‥‥‥15g
　　　　　　　　├ マヨネーズ‥大さじ1
　　　　　　　　└ 酢‥‥‥‥‥小さじ1/2

作り方
❶ うどは皮を厚めにむいて斜め薄切りにし、酢水（水カップ1に対し酢小さじ1の割合・材料外）につけて変色を防ぎます。水気をきります。
❷ アスパラガスは根元のかたい皮をむき、熱湯で1分ほどゆでます。斜め薄切りにします。
❸ たらこは中身をとり出し、マヨネーズ、酢と混ぜます。①②をあえます。

15分 副菜 64kcal

うどの天ぷら
うどのおいしさを丸ごと堪能

材料（2人分）
うど‥‥‥‥‥‥‥‥‥‥‥‥‥‥‥1/2本（200g）
桜えび‥‥‥‥‥‥‥‥‥‥‥‥‥‥8g
揚げ油‥‥‥‥‥‥‥‥‥‥‥‥‥‥適量
塩‥‥‥‥‥‥‥‥‥‥‥‥‥‥‥‥適量
衣 ┌ 冷たい水‥‥‥‥‥‥‥‥大さじ2
　 ├ 牛乳（または卵）‥‥‥‥大さじ2
　 └ 小麦粉‥‥‥‥‥‥‥‥‥カップ1/2

作り方
❶ うどは4cm長さに切り、皮を厚めにむいて縦に3mm厚さに切ります。
❷ 衣の水と牛乳を合わせ、粉をざっと混ぜます。うどと桜えびを入れて、ざっくりと混ぜます。
❸ 揚げ油を中温（170℃）に熱します。②を1/6量ずつ、広げるようにして油に入れ、からりと揚げます。塩を添えます。

25分 副菜 263kcal

20分
副菜
弁当
90kcal

え

枝豆
green soybeans

- 旬　夏
- 選び方
さやの緑が濃く、しっかり粒が入っているもの。枝つきは、さやが密生しているもの。
- 栄養
枝豆は大豆の未熟豆。たんぱく質、ビタミンB_1、食物繊維、カリウム、亜鉛などを含む。
- 保存（→p.188）
鮮度が落ちやすいので、買ったその日のうちにゆでる。無理なら枝からさやを切りとり、ポリ袋に入れて野菜室で翌日まで。冷凍は、ゆでて、さやごとでも、むいた豆でもできる。
- 調理のヒント
・さやの端をはさみで少し切っておくと、より味がしみやすく、食べやすい。
・塩でもんでからゆでると、うぶ毛がとれ、色よくなる。

🡒 枝豆のさやごと煮
さやに含んだ味をジュワッと歯でしごいて豆を食べます

材料（2人分）
枝豆（さやつき）…150g
塩…………………小さじ1/2
A ┌ だし…………カップ1
　│ 砂糖…………大さじ1・1/2
　│ 酒・しょうゆ…各大さじ1
　└ 赤とうがらし（種をとる）
　　　…………1/2本

作り方
① 枝豆は洗って、さやの両端をはさみで切り落とします。塩をふり、手でよくもんでうぶ毛を落とし、水で洗います。
② 鍋にAと枝豆を入れ、中火で約5分煮ます。弱火にし、煮汁がなくなるまで7〜8分煮ます。

🡒 枝豆の塩ゆで
極意は事前の塩もみ

10分
副菜
弁当
74kcal

材料・作り方（1人分約100g）
① 枝豆は洗って水気をきり、豆100gに塩小さじ1/3の割合で塩をふって、手でもみます。
② 塩がついたまま熱湯に入れ、ふたをしないで4〜5分ゆでます。ひとつ食べてゆで加減をみます。
③ 水っぽくなるので水にとらず、ざるにとります。熱いうちに塩少々をふります。

🡒 100gはこのくらい

枝豆の梅ごはん
おむすびにもおすすめです

材料（4人分）

米	米用カップ2（360ml・300g）
水	400ml
梅干し	1個（20g）
A 酒	大さじ1
しょうゆ	小さじ1
塩	小さじ1/4
枝豆（さやつき）	150g
いりごま（白）	大さじ1〜2

作り方

1. 米をといで炊飯器に入れ、分量の水に30分以上つけます。Aの調味料と梅干しを丸ごと加えて混ぜ、ごはんを炊きます。
2. 枝豆は、塩小さじ1/2（材料外）をよくもみこんでから熱湯で4〜5分ゆでます。さやから豆をとり出します。
3. ごはんが炊きあがったら、梅干しの種を除いて果肉をちぎり、ごはんに混ぜます。食べる直前に、枝豆とごまを混ぜます。

70分 / 主食 / 弁当 / 316kcal

枝豆サラダ
薄緑色がきれいなヘルシーサラダ

材料（2人分）

枝豆（さやつき）	150g
にんじん	50g
たまねぎ	40g

ドレッシング

酢	大さじ1
塩	小さじ1/8
こしょう	少々
サラダ油	大さじ1・1/2

作り方

1. 枝豆は、塩小さじ1/2（材料外）をよくもみこんでから熱湯で4〜5分ゆでます。豆をとり出して、包丁であらくきざみます。
2. にんじんは4cm長さのせん切りに、たまねぎは薄切りにします。合わせて塩少々（材料外）をふってしんなりさせ、水気をしぼります。
3. ドレッシングの材料を混ぜ、全部をあえます。

20分 / 副菜 / 弁当 / 154kcal

15分
副菜
54kcal

オクラ
okra

▶ 旬　夏
▶ 選び方
緑が濃く、張りがある。大きすぎると種がかたい。
▶ 栄養
ねばりは食物繊維ムチン。ビタミンやミネラル分も多い。
▶ 保存（→p.188）
乾燥と低温に弱い。ポリ袋に入れて野菜室に。冷やしすぎると低温障害で茶色に変色。軽くゆでて小口切りにして冷凍しておくと便利。
▶ 調理のヒント
・がくの部分の角がかたいので、包丁でぐるりとむく。

・ゆでて食べるときは、表面のうぶ毛が口にさわるので、塩でもんで落とす。

⤴ オクラとたこの梅だれ
ドレッシング風のたれなので、サラダ感覚で食べられます

材料（2人分）
オクラ………5本（35g）
　塩…………小さじ1/4
ゆでだこ……50g
わかめ（乾燥）…2g

梅だれ
┌ 梅干し……大1/2個
│ 酢・酒……各小さじ1
└ サラダ油…小さじ1

作り方
① オクラはがくのまわりをむき、塩をつけてこすり、熱湯でゆでます。斜め半分に切ります。
② わかめは水でもどし、熱湯に通して水にとり、ひと口大に切ります。同じ湯にたこをさっと通し、薄切りにします。
③ 梅干しの果肉を包丁でたたき、たれの材料を混ぜます。①②にかけます。

⤵ オクラと長いもの小鉢
ねばねばが体にいい

10分
副菜
16kcal

材料・作り方（2人分）
① オクラ5本（35g）はがくのまわりを除き、塩小さじ1/4をつけてこすり、熱湯でゆでます。1.5cm長さに切ります。
② 長いも30gは1cm角に切って、オクラと混ぜます。しょうゆ小さじ1をかけて食べます。

▶ 50gはこのくらい

オクラのいため煮
オクラのとろみが煮汁にコクを出す

材料（2人分）
- オクラ……………10本（70g）
- サラダ油…………小さじ1
- 油揚げ……………2枚（50g）
- A｛ だし……………150ml
  酒・みりん…各大さじ1
  しょうゆ……大さじ1/2 ｝
- おろししょうが …小1かけ（5g）分

作り方
① オクラはがくのまわりをむきます。油揚げは縦半分にし、4つに切ります。
② フライパンに油を熱し、中火でオクラを1分ほどいためてとり出します。火を強めて油揚げを入れ、表面に薄く焼き色がつくまで焼いてとり出します。
③ フライパンの汚れをふき、Aを煮立てます。②を入れて中火で2～3分煮ます。煮汁ごとさまして味を含ませます。
④ 盛りつけ、おろししょうがをのせます。

15分　副菜　148kcal

オクラのカレーいため
オクラはいためものにも使えます

材料（2人分）
- オクラ……………6本（40g）
- たまねぎ…………1/2個（100g）
- とりもも肉＊ ……1/2枚（120g）
- バター……………10g
- A｛ 水……………大さじ3
  スープの素…小さじ1/3
  カレー粉……小さじ1 ｝

＊とり肉はから揚げ用肉でも。

作り方
① オクラはがくのまわりをむき、長さを半分に切ります。たまねぎは1cm幅のくし形に切ります。とり肉はひと口大に切ります。
② フライパンにバターを溶かし、中火でオクラとたまねぎをいためます。油がなじんだら、とり肉を加えていため、Aを加え、混ぜながら、汁気がなくなるまでいためます。

15分　副菜　弁当　186kcal

30分
副菜
238kcal

かぶ
turnip

| か |

▶ **旬**　秋と春

▶ **種類**
金町小かぶ、聖護院かぶ、赤かぶなど各地特有の種類がある。春の七草のひとつ「すずな」はかぶのこと。

▶ **選び方**
根は白くつやがあり、よくしまったもの。葉が青々とし、ピンとしているもの。

▶ **栄養**
ビタミンC、アミラーゼを含む。葉にはカルシウムやカロテン、ビタミンCが豊富。

▶ **保存**
葉つきだと根の水分や養分がどんどん蒸発するので、根と葉を切り分けて野菜室で。葉はゆでて冷凍するとよい。

▶ **調理のヒント**
・小ぶりのかぶは皮がやわらかく、漬けものや煮ものには、皮ごと使える。
・種類や季節によって火通りが違うので、加熱時間の手前でようすをみる。

▶ **100gはこのくらい**

↑ かぶのグラタン
かぶにはスープがしみこんでいます

材料（2人分）
かぶ‥‥‥‥‥2個（200g）
ねぎ‥‥‥‥‥1本（100g）
（水150ml　スープの素小さじ1/2）
溶けるチーズ‥‥2枚

ホワイトソース
├ バター‥‥‥‥20g
├ 小麦粉‥‥‥‥大さじ1・1/2
├ 牛乳‥‥‥‥‥150ml
└ 塩・こしょう‥各少々

作り方
❶ かぶは茎を2cm残し、8等分のくし形に切って皮をむきます。ねぎは4cm長さに切ります。
❷ 鍋に、水とスープの素、ねぎを入れ、強火にかけます。ふたをして中火で3〜4分煮たら、かぶを加えて3〜4分、汁気がなくなるまで煮ます。
❸ ホワイトソースを作ります。(1)鍋にバターを弱火で溶かし、小麦粉を加えてこがさないようにいためます。(2)底からサラッと離れるようになったら火を止め、牛乳を一気に混ぜてなめらかにします。(3)再び中火で混ぜながら加熱し、濃度が出てきたら、塩、こしょうをふります。
❹ 耐熱皿に❷を並べ、ホワイトソースをかけてチーズをのせます。高温（約220℃）のオーブンまたはオーブントースターで、焼き色がつくまで7〜8分焼きます。

かぶのさっとゆでサラダ
さっとゆでて味も歯ごたえもよく

▶ 材料（2人分）
- かぶ……………2個（200g）
- スモークサーモン …2～3枚
- ドレッシング
  - 粒マスタード ……小さじ1/2
  - 塩……………………小さじ1/8
  - 酢・サラダ油 ……各大さじ1

▶ 作り方
1. かぶは茎を1cmほど残し、8等分ずつのくし形に切ります。皮をむきます。熱湯で30秒ほどゆで、ざるにとってさまします。
2. スモークサーモンは長さを半分に切ります。
3. ドレッシングの材料を混ぜます。かぶとサーモンをあえます。

15分　副菜　101kcal

かぶのスープ
煮えやすいかぶならではのスピードスープ

▶ 材料（2人分）
- かぶ……………1個（100g）
- たまねぎ………1/8個（25g）
- ベーコン………1枚
- ミニトマト……2個
- サラダ油………小さじ1/2
- A
  - 水……………250ml
  - スープの素……小さじ1/2
- 塩・こしょう……各少々
- かぶの葉………少々

▶ 作り方
1. かぶは厚みを半分に切って約1.5cm角に切ります。たまねぎも同じ大きさに切ります。
2. ミニトマトは4つに切ります。ベーコンは細切りにします。
3. 鍋に油を熱し、①とベーコンをいためます。油がなじんだら、Aを加えてふたをし、中火で3～4分煮ます。
4. かぶがやわらかくなったら、かぶの葉をちぎって加え、塩、こしょうで味をととのえます。最後にトマトを加えます。

15分　副菜　69kcal

かぶの煮もの
かぶの葉もむだなく使うおそうざい

材料（2人分）
- かぶ……………2個（200g）
- かぶの葉………2個分（100g）
- 油揚げ…………1枚（25g）
- サラダ油………大さじ1/2
- A ┌ だし…………カップ1/4
    │ しょうゆ……大さじ1
    └ 酒・みりん…各大さじ1/2

作り方
1. かぶは、1cm幅くらいのくし形に切ります。葉は3〜4cm長さに切って、茎と葉に分けます。
2. 油揚げは熱湯をかけて油抜きし、縦半分に切って細切りにします。
3. 鍋に油を温め、強めの中火でかぶ、茎をざっといためてから、葉も加えます。油がなじんだら、A、油揚げを加えて2〜5分、かぶがやわらかくなるまで煮ます。

15分
副菜 弁当
115kcal

かぶの浅漬け
残ったかぶ1個で作れます

材料（2人分）
- かぶ……………1個（100g）
- かぶの葉………1個分（約50g）
- 赤とうがらし……1/4本
- ゆずの皮（細切り）…1/4個分
- A ┌ 酢……………大さじ1/2
    │ しょうゆ……少々
    └ ゆずの汁*……1/4個分

＊ゆずはレモンでも代用できます。

作り方
1. かぶは5mm厚さの半月切りにします。葉は3cm長さに切って、熱湯でさっとゆでます。かぶと葉を合わせて、塩小さじ1/3（材料外）をふり、軽くもんで10分ほどおきます。
2. 赤とうがらしは種をとって、小口切りにします。
3. ボールにAを合わせます。①の水気をしぼって加え、赤とうがらし、ゆずの皮を加えてあえます。

15分
副菜 弁当
17kcal

136kcal 20分 副菜 弁当

かぼちゃ
pumpkin

▶ 旬　夏〜秋
夏にとれ、3〜4か月貯蔵している間に甘くなる。

▶ 種類
ポピュラーな「西洋かぼちゃ」はホクホクして甘味が強い。「日本かぼちゃ」は味が淡泊で、うす味の含め煮などに使う。

▶ 選び方
重くてかたいもの。切ったものは、切り口の色が濃く、種がふっくらしているもの。

▶ 栄養
カロテン、ビタミンC・E、食物繊維など栄養価が高い。保存したかぼちゃを冬至に食べる風習は、かぼちゃが粘膜を強くし、風邪を予防するとの生活の知恵。

▶ 保存　(→p.188)
使いかけは、種とわたをとってラップで密閉して冷蔵。

▶ 調理のヒント
・切るときは安定させ、へたを避けて刃を入れる。
・電子レンジで100gあたり30秒ほど加熱すると切りやすくなる。

▶ 100gはこのくらい

➡ かぼちゃのはちみつレモン煮
さわやかな酸味がよく合い、デザート感覚で食べられます

材料（2人分）
かぼちゃ……200g
レモン………1/2個
はちみつ……大さじ1
A　水…………カップ1/2
　　砂糖………大さじ1/2
　　しょうゆ…小さじ1/2

作り方
❶ かぼちゃは種とわたをとり、3cm角に切ります（皮をところどころむいても。煮くずれを防ぐ場合は角を面とりします）。
❷ レモンは薄い輪切りを2〜3枚とります。残りで汁をしぼり、はちみつを合わせます。
❸ 鍋にAと①を入れ、落としぶたとふたをして中火で約10分煮ます。汁気がほぼなくなったら②を加えて1分ほど煮ます。

➡ かぼちゃの甘煮
混ぜずに煮ます

材料（2人分）
かぼちゃ………300g
A　水…………カップ1
　　みりん……大さじ1・1/2
　　しょうゆ…小さじ1
　　塩…………少々

20分 副菜 弁当 149kcal

作り方
❶ かぼちゃは種とわたをとり、3〜4cm角に切ります。
❷ 鍋にAとかぼちゃを入れ、落としぶたとふたをして中火で約10分、汁気がほとんどなくなるまで煮ます。

かぼちゃのマッシュサラダ
ボリュームがあってビタミンたっぷり

材料（2人分）
かぼちゃ…200g	ソース
たまねぎ…1/6個(30g)	プレーンヨーグルト
塩………少々	…………大さじ2
スライスアーモンド	マヨネーズ…大さじ1
………20g	粒マスタード…小さじ1
	塩…………小さじ1/8

作り方
1. かぼちゃは種とわたをとり、3cm角に切ります。鍋に入れ、頭が見えるくらいの水を入れて中火で8〜10分ゆでます。
2. やわらかくなったら湯を捨て、水分をとばします。皮つきのままあらくつぶします。
3. たまねぎは薄切りにし、長さを半分に切ります。塩をふってもみ、水気をしぼります。
4. ソースの材料を混ぜ、②③をあえます。アーモンドを軽くいって散らします。

25分　副菜　弁当　196kcal

かぼちゃのミルクスープ
皮ごとつぶしてかんたんに作ります

材料（2人分）
かぼちゃ…200g	牛乳………カップ1
たまねぎ…1/4個(50g)	塩・こしょう…各少々
バター……10g	(浮き身)クルトン*・
A[水……カップ1/2	クラッカーなど少々
スープの素	*パン少量を角切りにし
…小さじ1	て油でいためたもの。

作り方
1. かぼちゃは種とわたをとり、皮つきのまま薄切りにします。たまねぎは繊維に直角に薄く切ります。
2. 厚手の鍋にバターを溶かし、たまねぎ、かぼちゃを順に加えて弱めの中火でいためます。油がなじんだら、Aを加えてふたをし、弱火で約10分やわらかく煮ます。
3. 鍋を火からおろして、中身をマッシャーでつぶします（汁がある状態でかまいません）。
4. ③に牛乳を加えて再び温め、塩、こしょうをふります。クルトンを散らします。

25分　副菜　220kcal

15分
副菜
177kcal

40分
副菜
247kcal

かぼちゃのガーリック焼き
かぼちゃは電子レンジ加熱が向きます

材料（2人分）
かぼちゃ……200g｜粉チーズ……大さじ2
にんにく……1片(10g)｜オリーブ油……大さじ1

作り方
① かぼちゃは種とわたをとり、1cm厚さのくし形に切ります。皿に広げてラップをし、電子レンジで2～3分加熱(500W)します。
② にんにくは薄切りにします。フライパンに油とにんにくを入れ、弱火でいためて、色づいたらとり出します。かぼちゃを入れて、中火で3～4分、両面をこんがりと焼きます。
③ 火が通ったら、粉チーズの2/3量をふってからめ、皿に盛ってにんにくを散らし、残りのチーズをふりかけます。

かぼちゃのキッシュ
手のひらサイズの西洋かぼちゃで

材料（4人分）
かぼちゃ(西洋種・小玉)＊……1個(500g)｜塩・こしょう……各少々
たまねぎ……1/4個(50g)｜卵液
ハム……1枚｜　卵……1/2個
A ┌ サラダ油……小さじ1｜　生クリーム……50ml
　 └ バター……10g｜　塩・こしょう……各少々
　　　　　　　　　　｜　ピザ用チーズ……40g

作り方
① かぼちゃを丸ごとラップで包み、電子レンジで5～6分加熱(500W)してやわらかくします。
② たまねぎは薄切り、ハムは1cm幅に切ります。Aで両方をいため、塩、こしょうをふります。
③ 卵液の材料を混ぜます。
④ かぼちゃを上から1～2cmのところで切り、種とわたをくり抜きます。②を八分目ほど詰め、卵液を口まで流します。箸でつついて液をいきわたらせ、チーズをのせます。
⑤ 180℃のオーブンで10分、160℃に下げてさらに約15分焼きます。

＊ ふつうサイズのかぼちゃなら、縦半分に切ってあるもの（約700g）で作れます。材料は約倍量。電子レンジで7～8分加熱のあと、オーブンは180℃15分、あと160℃約20分。

カリフラワー
cauliflower

▶ 旬　冬
▶ 選び方
つぼみがかたくしまって盛り上がり、重量感のあるもの。表面に斑点や傷がないもの。葉がみずみずしいもの。

▶ 栄養
ビタミンCが豊富。

▶ 保存（→p.188）
つぼみが開いて変色しやすいので早めに使う。ポリ袋に入れて野菜室で。ゆでて冷蔵・冷凍しても。

▶ 調理のヒント
・通常は熱湯でゆでる。
・沸とうした湯に酢を加えてゆでると、白く歯ごたえよく仕上がる。水カップ5に対して酢大さじ1の割合。

↑ カリフラワーとかきのクリーム煮
旬のかきと出盛りのカリフラワーとで作ります

20分　主菜　198kcal

材料（2人分）
カリフラワー……1/3個（200g）
たまねぎ……1/2個（100g）
かき（むき身・加熱用）…100g
バター……10g
A ｛ 水……カップ1/2
　　 スープの素……小さじ1
牛乳……カップ1
塩・こしょう……各少々
B ｛ かたくり粉……小さじ2
　　 水……大さじ1
（飾り）
パセリ・クレソンなど少々

作り方
❶ カリフラワーは小房に分けます。たまねぎは薄切りにします。
❷ かきは塩水（水カップ1に塩小さじ1の割合・材料外）の中で手でもみ洗いし、水ですすいで水気をきります。
❸ 鍋にバターを溶かし、たまねぎ、カリフラワーを順に加えて2分くらいずついためます。Aを加え、ふたをして5分ほど煮ます。
❹ かきを加え、1分ほど煮たら牛乳を加えて温め、塩、こしょうで味をととのえます。Bの水どきかたくり粉を加え、とろみをつけます。

▶ 100gはこのくらい

カリフラワーのミモザサラダ
黄色いミモザの花のように仕上げます

材料（2人分）

カリフラワー
　……1/4個（150g）
A｛ 湯……カップ3
　　酢……小さじ2
卵……1個
ハム…1枚

｛ マヨネーズ…大さじ1
　プレーンヨーグルト
　　　　　……大さじ1
　酢………小さじ1/2
　塩・こしょう…各少々
　たまねぎのすりおろし
　　　　　……小さじ1/2

作り方
① カリフラワーは小房に分け、酢を加えた熱湯で2〜3分ゆでて、ざるにとります。
② 卵はかたゆでにします（水からゆでて、沸とう後弱火で12分ゆで、水にとって殻をむく）。白身は細かくきざみ、黄身はざるで裏ごしします。
③ ハムはみじん切りにし、Aと混ぜます。
④ カリフラワーを③であえて器に盛り、白身、黄身の順に散らします。

20分
副菜 弁当
124kcal

カリフラワーの即席ピクルス
カリッとした歯ざわりを楽しみます

材料（2人分）

カリフラワー
　………1/2個（300g）
にんじん…1/4本（50g）
レモン……1/2個

つけ汁
｛ 砂糖……大さじ1/2
　酢……大さじ1・1/2
　レモン汁…大さじ1/2
　塩………少々
　サラダ油…大さじ1/2

作り方
① カリフラワーは小房に分けます。にんじんは小さめの乱切りにします。
② レモンは薄い輪切りを2枚とって8つずつに切り、残りは汁をしぼります。
③ ボールにつけ汁を合わせます。
④ カップ3の湯をわかし、塩小さじ1/2（材料外）を入れて、①を入れます。再び沸とうしたら、ざるにとって水気をよくきり、熱いうちに③につけます。レモンを加えます。30分ほどで味がなじみ、冷蔵庫で2日ほどもちます。

50分
副菜 弁当
79kcal

25分
主食
475kcal

きのこ
mushrooms

▶ 旬　秋

▶ 選び方
かさがあるものは開きすぎず、軸が太いもの。

▶ 栄養
豊富なビタミンDは、カルシウムの吸収をよくする。食物繊維のうち、β-グルカンは免疫力を高める成分。

▶ 保存（→p.188）
ぬらすといたみやすい。ポリ袋に入れ、密閉では水滴がつくので袋の口を折る程度にして野菜室で。すぐ使える形にして、生で冷凍できる。

▶ 調理のヒント
・水をきらうので、汚れをさっと洗うか、ふく程度に。人工栽培のものはほぼ洗わずに使える。
・「石づき」はきのこの軸の先端の部分をさし、かたかったり汚れていたりするので除く。

▶ 100gはこのくらい

⬆ きのこのクリームパスタ
きのこのうま味と歯ごたえをパスタに

【材料】（2人分）
ショートパスタ*……60g
［しめじ…………1パック（100g）
　エリンギ………1パック（100g）］
たまねぎ………1/4個（50g）
とりもも肉………100g
パセリのみじん切り…大さじ1
＊ペンネやフジッリなど好みの形

バター…………10g
小麦粉…………大さじ2
牛乳……………150ml
A［白ワイン……大さじ2
　　スープの素…小さじ1］
B［生クリーム…50ml
　　塩・こしょう…各少々］

【作り方】
❶ しめじは根元を除いてほぐし、エリンギはしめじと同じくらいの大きさに切ります。たまねぎは薄切りにします。
❷ とり肉は2cm角に切って、塩、こしょう各少々（材料外）をふります。
❸ 厚手の鍋にバターを弱めの中火で溶かし、たまねぎ、肉を順にいため、小麦粉を加えて色づかないように2分ほどいためます。
❹ きのこを加えてさっといためてから、火を止めて牛乳を加えてむらなく混ぜます。Aを加え、再び弱めの中火で、混ぜながら4～5分煮ます。
❺ 湯1ℓに塩大さじ1/2（材料外）を加え、パスタを表示どおりにゆでます。
❻ ❹にBを加えて味をととのえます。火を止めて、パスタをあえます。パセリをふります。

15分
副菜
弁当
179kcal

きのこサラダ
ミックスするほどおいしくなります。
好みのきのこでも

材料（2人分）
- しいたけ……………1パック（100g）
- マッシュルーム……1パック（100g）
- えのきだけ…………1パック（100g）
- ベーコン（厚切り）……60g
- サラダ油………………小さじ1
- 塩………………………小さじ1/6
- 酒………………………大さじ1
- プリーツレタス………4枚
- レモン…………………1/4個

作り方
1. きのこは石づきを除きます。しいたけは半分のそぎ切りに、マッシュルームは半分に、えのきは長さを半分に切ります。
2. ベーコンは細切りにします。大きめのフライパンに油を熱してベーコンをいため、脂が出てきたら、きのこを加えて1分ほどいためます。塩、酒で調味します。
3. レタスと盛りつけます。レモンをしぼって食べます。

15分
副菜
弁当
233kcal

えのきの肉巻き
えのきの歯ざわりと形を生かした料理

材料（2人分）
- えのきだけ……………1袋（100g）
- 豚ばら肉（薄切り）……100g
- サラダ油………………大さじ1/2
- 塩・こしょう……………各少々

作り方
1. えのきだけは根元を除きます。根元がばらばらにならないように4等分にします。
2. 肉も4等分にします。えのきを芯にして、肉をしっかりと巻きます。
3. フライパンに油を熱し、②の巻き終わりを下にして並べます。中火で、肉の面を変えながら焼きます。塩、こしょうをふります。

えのきだけの当座煮
さめるとねばりが出ておいしい

材料（2人分）
えのきだけ……………1袋(100g)
しょうが……………小1かけ(5g)
赤とうがらし(種をとる)…1/4本
酒……………………大さじ1・1/2
みりん・しょうゆ …各大さじ1

作り方
① えのきだけは根元を除き、長さを半分に切ってほぐします。
② しょうがは細切りにします。
③ 鍋に酒を入れて火にかけます。沸とうしたら*、①②と赤とうがらし、みりん、しょうゆを加えます。混ぜながら中火で3〜4分煮ます。

＊ 火が入ってもあわてずに。えのきを入れると消えます。

10分 / 副菜 弁当 / 35kcal

きのこごはん
同じ重量で、えのきやしめじでも

材料（4人分）
まいたけ……………1パック(100g)
しいたけ……………1パック(100g)
油揚げ………………1枚(25g)
A ┌ 酒……………大さじ1
　└ しょうゆ……大さじ1/2
B ┌ 酒……………大さじ1/2
　├ しょうゆ……大さじ1/2
　└ 塩……………小さじ1/4
しょうが ……………1かけ(10g)
米……………………米用カップ2 (360ml・300g)
だし …………………360ml

作り方
① 米はといで炊飯器に入れ、だしを加えて30分以上おきます。
② まいたけは小分けし、しいたけは石づきをとって薄切りにします。油揚げは熱湯をかけて油抜きし、縦半分に切って細切りにします。きのこと合わせてAをからめます。
③ しょうがはせん切りにします。①に、B、しょうが、②を加えて混ぜ、炊きます。

75分 / 主食 弁当 / 303kcal

焼きエリンギ
まつたけ同様シンプルに焼くのが美味

材料（2人分）

エリンギ	大1パック(150g)
白ワイン	大さじ1/2
バター	10g
バルサミコソース	
バルサミコ	大さじ1
しょうゆ	小さじ1/2

作り方

① エリンギは石づきを除きます。大きければ長さを半分にし、5mm厚さくらいに縦に切ります。
② フライパンにバターを溶かし、中火でエリンギの両面を焼きます。ワインをふりかけます。
③ 器にソースを合わせ、ラップなしで電子レンジで1分〜1分30秒加熱(500W)し、半量に煮つめます。エリンギにかけます。イタリアンパセリ(材料外)などを添えても。

10分
副菜
61kcal

なめこおろし
かんたんで消化にもよい小鉢

材料（2人分）

なめこ	1パック(100g)
だいこん	100g
A　酢	大さじ1
砂糖	小さじ1
塩	小さじ1/8

作り方

① なめこはざるに入れて軽く洗います。熱湯にさっと通して水気をきり、さまします。
② だいこんは皮をむいてすりおろし、ざるにとって水気を自然にきります。
③ ボールにAを合わせてだいこんおろしを混ぜ、なめこをあえます。

10分
副菜
23kcal

副菜
10分
77kcal

しいたけのにんにくいため
ペペロンチーノ味のイタリアン小皿

材料（2人分）
しいたけ……………10個（150g）
にんにく……………1片（10g）
赤とうがらし………1/2本
オリーブ油…………大さじ1
塩……………………小さじ1/8

作り方
① しいたけは石づきを除き、半分に切ります。
② にんにくは薄切りに、赤とうがらしは種をとって小口切りにします。
③ フライパンに油と②を入れ、弱火でいためます。香りが出てきたら、しいたけを加えていためます。しんなりしたら塩をふります。

主菜
弁当
25分
184kcal

しいたけの肉詰め
かさの大きなものを見つけたらこれ

材料（2人分）
しいたけ……………大6個（180g）
　かたくり粉………小さじ1
サラダ油……………大さじ1
レモン（または、だいこんおろし）…適量
肉あん
　とりひき肉………100g
　ねぎ………………4cm
　みそ………………大さじ1/2
　酒…………………小さじ1
　かたくり粉………小さじ1

作り方
① しいたけは石づきを除き、軸をはずします。
② 軸とねぎはみじん切りにします。
③ 肉あんの材料と②を混ぜ、6等分にします。
④ しいたけのかさの裏側に、茶こしでかたくり粉をふります。肉あんをのせます。
⑤ 大きめのフライパンに油を強火で熱し、④を肉側を下にして入れます。薄く焼き色がついたら、弱めの中火にし、ふたをして3～4分蒸し焼きにします。裏返してさらに約3分焼きます。レモンを添えます。

しめじと豚肉のオイスターいため
食物繊維がたっぷりのいためもの

▶材料（2人分）
しめじ……………………1パック(100g)
チンゲンサイ…………1株
こんにゃく……………1/3枚(80g)
豚もも肉(薄切り)……50g
ごま油……………………小さじ1
A ┌ 塩・こしょう…各少々
　├ 酒 …………小さじ1/2
　└ かたくり粉…小さじ1/2
B ┌ オイスターソース
　│ 　…大さじ1
　└ 酒 …………大さじ1

▶作り方
① しめじは根元を除いて小房に分けます。こんにゃくは厚さを半分にし、端から薄切りにします。肉はひと口大に切り、Aをもみこみます。
② チンゲンサイは縦4つ割りにし、ゆでます。
③ 大きめのフライパンにごま油を熱し、中火でこんにゃくをいためます。肉、しめじを順に加えていため、Bで調味します。
④ チンゲンサイを敷いて③を盛りつけます。

とうふのしめじあん
熱々のとうふにきのこあんをたっぷり

▶材料（2人分）
絹ごしどうふ
　　…1丁(300g)
しめじ…1パック(100g)
ゆずの皮のせん切り
　　…少々
A ┌ だし ……150ml
　├ しょうゆ…大さじ1
　├ みりん…大さじ1/2
　└ 塩………小さじ1/8
(かたくり粉大さじ1/2
水大さじ1)

▶作り方
① しめじは根元を除き、小房に分けます。
② とうふは縦半分、端から2cm幅に切ります。
③ 鍋にAととうふを入れて中火にかけ、沸とうしたら弱火で3～4分煮て、とうふを温めます。すくって器に入れます。
④ 残った煮汁にしめじを入れて約2分煮ます。水どきかたくり粉でとろみをつけます。とうふにかけます。ゆずをのせます。

まいたけのバターいため
食べる直前にいため、香りもごちそうに

材料（2人分）
まいたけ………1パック（100g）
ピーマン（緑赤どちらでも）…2個
バター…………10g
しょうゆ………小さじ1/2

作り方
① まいたけは小分けします。
② ピーマンは1cm幅に切り、斜め半分に切ります。
③ フライパンにバターを溶かし、①②を中火でいためます。まいたけがしんなりしたら、鍋肌にしょうゆをたらして混ぜ、火を止めます。

10分
副菜
弁当
121kcal

まいたけの天ぷら
シコシコの歯ざわりを堪能できます

材料（2人分）
まいたけ………1パック（100g）
A ┌ 小麦粉………大さじ2
　 └ 水……………大さじ3
揚げ油…………適量
（彩り）にんじん………30g
すだち…………1個

作り方
① まいたけは大きめの房に分けます。にんじんは薄く切り、もみじ型で抜きます。
② Aを混ぜます。
③ 揚げ油を高温（180℃）に熱します。にんじんをそのまま手早く揚げ、続いて、まいたけはAの衣をつけて揚げます。
④ 盛りつけて、すだちを添えます。

15分
副菜
160kcal

主食 / 弁当
70分
280kcal

まつたけごはん
香りと味はきのこの王様

材料（4人分）
まつたけ …100g（約2本）　米……米用カップ2
A ┌ 酒 ……大さじ2　　　　　（360ml・300g）
　├ しょうゆ大さじ1　　　だし …360ml
　└ 塩 ……小さじ1/4

作り方
❶ 米はといで炊飯器に入れ、だしを加えて30分以上おきます。
❷ まつたけは石づきの汚れを包丁でけずります*。約3mm厚さの食べやすい大きさに切ります。
❸ ①に、②とAを加えてざっと混ぜ、炊きます。

＊ まつたけはふきんで汚れをはらい、石づきの汚れている部分だけを鉛筆をけずるように落とします。

副菜
35分
125kcal

まつたけの吸いもの
最後に加えて、香りをいかしましょう

材料（2人分）
まつたけ……………1/2本（25g）
たい（切り身）………1切れ（100g）
かたくり粉 …………小さじ1/2
みつば………………2本
だし（水カップ2　こんぶ3g　けずりかつお5g）
A　（塩小さじ1/6　うすくちしょうゆ小さじ1/2）

作り方
❶ だしをとります。分量の水にこんぶを約30分つけてから、火にかけ、沸とう寸前にこんぶをとり出してけずりかつおを入れます。再沸とうしたら火を止め、だしをこします。
❷ たいは2つに切り、塩少々（材料外）をふって約5分おきます。水気をふいてかたくり粉をまぶし、熱湯でゆで、水気をきって椀に盛ります。
❸ まつたけは石づきの汚れを包丁でけずり、薄切りか、6〜8つ割りにします。
❹ みつばは3cm長さに切ります。だしを温めて、Aで調味し、まつたけを入れて1分ほど温めます。みつばを加え、椀にそそぎます。

＊「土瓶蒸し」の場合は、えびやとりささみなど具を増やします。下ごしらえはたいと同様。土瓶に具と調味しただしを入れ、火口に網をのせて土瓶をかけます。ひと煮立ちしたら、みつばを加えてすだちを添えます。

き

キャベツ
cabbage

▶ **旬**
新(春)キャベツは春〜初夏
冬キャベツは秋〜冬

▶ **種類と食べ方**
新キャベツは葉がやわらかくてみずみずしく、サラダや即席漬け、さっといためるとおいしい。冬のキャベツは煮こむと甘くおいしい。

▶ **選び方**
張りがある。持ってみて重く、カットものは葉のすき間が詰まっているもの。新キャベツは巻きがゆるいもの。

▶ **栄養**
ビタミンCが豊富。胃腸によいビタミンUや、がん予防の働きで注目されるアブラナ科特有成分も含む。

▶ **保存**（→p.188）
切り口はラップでおおってポリ袋に入れ、野菜室に。冬は丸ごとなら新聞紙に包んで冷暗所でも。芯が茶色に変色していると、そこからいたむので除く。ゆでて冷凍できる。

↑ 回鍋肉（ホイコーロー）

作ってかんたん、食べて満足。キャベツNO.1のおかず

20分　主菜　弁当　232kcal

材料（2人分）

キャベツ	160g
豚ばら肉	80g
ピーマン	1個
ねぎ	10cm
にんにく	小1かけ（5g）

A
甜麺醤（テンメンジャン）	大さじ1
しょうゆ	小さじ1/2
中国酒（または酒）	大さじ1/2

サラダ油	大さじ1/2
豆板醤（トーバンジャン）	小さじ1/3

作り方

❶ キャベツは4〜5cm角に切ります。ピーマンは縦6つ割りにしたものを斜め半分に切ります。ねぎは斜め薄切りに、にんにくはみじん切りにします。
❷ 豚肉は4〜5cm長さに切ります。
❸ Aを合わせます。
❹ 大きめのフライパンに油とにんにくを入れて、中火で軽くいため、肉を加えていためます。
❺ 肉に焼き色がついたら、豆板醤を加えて混ぜ、野菜を全部加えます。大きく混ぜ、キャベツがしんなりし始めたら、Aを加えてからめます。

▶ **100gはこのくらい**

キャベツといかのいためもの
ザク切りのキャベツを豪快にいためます

材料 （2人分）
- キャベツ…………200g
- ロールいか＊………100g
- （酒小さじ1　塩少々）
- さやえんどう………5枚
- しょうが…………2かけ（20g）
- サラダ油…………大さじ1/2
- 塩・こしょう………各少々

＊刺し身用いかや、するめいか（皮をむく）でも。

作り方
1. さやえんどうは筋をとります。キャベツは4cm角に切り、しょうがは薄切りにします。
2. いかは、表面に縦横の切り目を入れて2×4cmに切ります。酒と塩をふります。
3. 大きめのフライパンに油を中火で熱し、しょうが、いかを順に加えてひと混ぜし、キャベツ、さやえんどうを加えていためます。塩、こしょうをふります。

15分　主菜　弁当　98kcal

ひと口キャベツ
お弁当から、酒の肴、おもてなしまで使えます

材料 （2人分）
- キャベツ…………160g
- しその葉…………4枚
- かにかまぼこ………4本
- たれ　┌しょうゆ・みりん・酢　……各大さじ1/2
　　　　└ごま油……少々

作り方
1. キャベツは熱湯で1〜2分ゆでます（電子レンジなら、水気がついたままラップに包んで500Wで約2分加熱）。ざるに広げてさまします。
2. しそは軸を除きます。キャベツの幅をかまぼこの長さに合わせて切りそろえます。
3. キャベツ1/4量に、しそとかまぼこをのせ、端からしっかりと巻きます。4本作ります。
4. 半分に切って盛りつけ、たれを添えます。

15分　副菜　弁当　63kcal

主菜 275kcal 40分

■↑ ロールキャベツ

キャベツ料理の定番。秋冬キャベツの甘い味が特におすすめです

材料（2人分）

キャベツ……………4枚（320g）	肉あん
にんじん……………30g	┌ 合びき肉………150g
┌ 水……………カップ2	│ パン粉………カップ1/4
A │ 固形スープの素…1個	│ たまねぎ……1/4個（50g）
└ ローリエ………1枚	│ 卵………………1個
塩・こしょう………各少々	└ ナツメグ・塩・こしょう
	……………各少々

＊キャベツは穴があいたときの補修用に1〜2枚余分にゆでるとよいでしょう。また、小ぶりな葉なら枚数を増やして重ねます。

作り方

① キャベツは葉をていねいにはがし、熱湯で1〜2分ゆでます（a）。軸の厚いところをそぎとります（b）。
② たまねぎをみじん切りにし、肉あんの材料を混ぜます。4等分にして丸めます。
③ キャベツで肉あんを包みます（c）。にんじんは5mm厚さの輪切りを4枚とります。
④ 鍋に、③を巻き終わりを下にして並べます（d）。にんじんとAを加えて強火にかけます。沸とうしたらアクをとり、落としぶたと鍋のふたをずらしてのせ、弱火で約20分煮ます。
⑤ 塩、こしょうで味をととのえます。

プロセス PROCESS

a 熱湯に軸のほうから入れて、1〜2分ゆで、ざるにとります。

b 軸の厚いところを包丁でそぎとります。

c 葉の破れや大きさを余分の葉で整え、手前に肉をのせます。手前と両脇の葉をたたみ、向こうまでくるりと巻きます。巻き終わりはそのままにし、下に置きます。

d 鍋はなるべくぴったりしたサイズを使います。大きいと、煮汁の中で踊って形がくずれやすいためです。

キャベツとソーセージの煮こみ
鍋で煮こむだけなので手間いらず

材料（2人分）
キャベツ	1/4個（400g）
フランクフルトソーセージ	2本
たまねぎ	1/2個（100g）
バター	10g
A 水	カップ1・1/2
スープの素	小さじ1/2
白ワイン	カップ1/4
ローリエ	1枚
塩・こしょう	各少々
粒マスタード	適量

作り方
1. キャベツは芯を切り離さずに、4等分のくし形に切ります。たまねぎは薄切りにします。ソーセージは大きければ切ります。
2. 厚手の鍋にバターを溶かし、たまねぎを弱火でいためます。しんなりしたら、キャベツとAを入れ、ふたをして20分煮ます。
3. ソーセージを加え、さらに5分煮て、塩、こしょうで調味します。
4. 盛りつけて、マスタードを添えます。

主菜 / 30分 / 247kcal

即席ザワークラウト
発酵させる本格派より、食べやすいかもしれません

材料（2人分）
キャベツ	200g
湯	カップ2
A 塩	大さじ1/2
サラダ油	大さじ1/2
ローリエ	小1枚
B ワインビネガー(白)	大さじ1/2
砂糖・塩	各少々

作り方
1. キャベツはせん切りにします。分量の湯にAを加えて、キャベツを2分ほどゆでます。ざるにとって水気をよくきります。
2. ボールにBを合わせ、キャベツを加えて混ぜ、20分ほどおいて味をなじませます。

副菜 / 弁当 / 30分 / 51kcal

コールスローサラダ
副菜やつけ合わせに重宝します

材料（2人分）
- キャベツ …160g
- きゅうり …1/4本
- ハム ………2枚
- コーン ……30g

マヨネーズソース
- マヨネーズ …大さじ1・1/2
- 白ワインビネガー
 （または酢）…小さじ1
- 塩・こしょう …各少々

作り方

❶ キャベツはせん切りにします。きゅうりは斜め薄切りにしてから、せん切りにします。ハムは半分に切って、せん切りにします。コーンは水気をきります。

❷ ボールにソースの材料を合わせ、全部をあえて、冷蔵庫に15分ほどおいてなじませます。

＊お弁当など時間をおいてから食べる場合は、キャベツときゅうりに塩小さじ1/6をふってもみ、水気をしぼってからあえます。

25分　副菜　弁当　133kcal

キャベツとりんごのサラダ
キャベツの色を生かすために、
緑と紫では下ごしらえを違えます

材料（2人分）
- キャベツ＊ 200g
- 塩 …小さじ1/6
- りんご ……1/4個

ドレッシング
- レモン汁……大さじ1/2
- 白ワインビネガー
 （または酢）…大さじ1/2
- 塩…………小さじ1/6
- 砂糖…………小さじ1/2
- サラダ油……大さじ1・1/2

＊紫キャベツの場合も同じ分量です。

作り方

❶ 緑のキャベツの場合：キャベツは細切りにします。塩をふって軽くもみ、10分ほどおきます。
紫キャベツの場合：細切りにした紫キャベツを熱湯でさっとゆで、水気をきります。

❷ ボールにドレッシングを合わせ、キャベツの水気をしぼって加え、混ぜます。冷蔵庫に15分ほどおいて味をなじませます。

❸ 食べる前に、りんごを皮つきのまま薄いいちょう切りにして②に混ぜます。

30分　副菜　弁当　122kcal

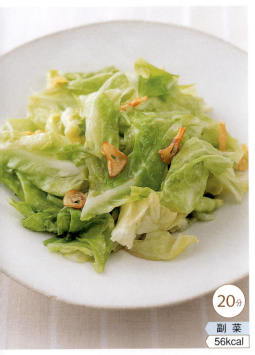

20分
副菜
56kcal

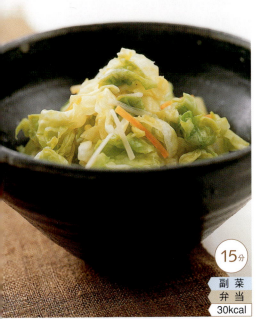

15分
副菜
弁当
30kcal

新キャベツのにんにくいため
春のキャベツならではの甘い味がたっぷり

材料（2人分）
新キャベツ……200g（2〜3枚）
にんにく………1片（10g）
サラダ油………大さじ1/2
塩………………小さじ1/8
こしょう………少々

作り方
❶ キャベツは冷水に放して10分ほどおき、パリッとさせます（いためたときに、みずみずしくいためあがる）。食べやすい大きさにちぎり、水気をきります。
❷ にんにくは薄切りにします。
❸ フライパンに油とにんにくを入れて弱火でいため、香りが出てきたらキャベツを入れて、強めの中火で2〜3分いためます。しんなりし始めたら、塩、こしょうで味をととのえます。

新キャベツの塩もみ
季節にはぜひ作りたいみずみずしい一品

材料（2人分）
新キャベツ……200g（2〜3枚）
しょうが………小1かけ（5g）
にんじん………10g
塩………………小さじ1/2
酒………………大さじ1

作り方
❶ キャベツは3cm角のざく切りにします。
❷ しょうがはせん切りに、にんじんは3cm長さのせん切りにします。
❸ ボールに野菜全部を入れ、塩、酒をふって軽くもみます。10分ほどおき、しんなりしたら水気をしぼって、盛りつけます。

新キャベツのやわらかな葉は、生か、さっと加熱で食べたい。

15分
副菜
弁当
114kcal

→ きゅうりとささみの中華サラダ
味がつきやすいようにきゅうりをたたいて、
大ぶりに切ってポリポリと

材料 （2人分）
きゅうり……2本(200g)	しょうが……1かけ(10g)
塩……小さじ1/2	にんにく……1片(10g)
とりささみ……2本(100g)	赤とうがらし……1/2本
（塩少々　酒大さじ2） A	砂糖……小さじ1/2
ねぎ……5cm	酢……大さじ2
	しょうゆ……大さじ1
	ごま油……大さじ1/2

作り方
① きゅうりは、すりこぎなどで軽くたたいて、味をしみこみやすくします。3cm長さに切って2～4つ割りにします。塩小さじ1/2をふって、10分ほどおきます。
② ささみは塩少々をふって鍋に入れ、酒をふりかけます。ふたをして弱火で蒸し煮にします（電子レンジなら500Wで約1分20秒加熱）。細かくほぐします。
③ ねぎはせん切りにし、水にさらして水気をきります。
④ しょうが、にんにくはみじん切りに、赤とうがらしは種をとって小口切りにします。ボールにAを混ぜます。
⑤ きゅうりの水気をきってAであえて皿に盛り、続いてささみもAであえて盛りつけます。ねぎをのせます。

きゅうり
cucumber

▶ **旬**　夏
▶ **選び方**
緑色が濃い。イボがとがって張りがあるものが新鮮。
▶ **栄養**
栄養価は高くないが、カリウムや食物繊維を含む。
▶ **保存**（→p.188）
ポリ袋に入れ、なるべくへたを上にして立てた状態で野菜室に。
▶ **調理のヒント**
・塩で板ずり（塩をふってまな板の上でころがす）をすると、皮の色が鮮やかになり、イボがとれる。

・水っぽさをとるには、塩もみをして水気をしぼる。
・塩の割合は、いずれも、きゅうり1本に対して塩小さじ1/4。

▶ **100gはこのくらい**

き

きゅうりの浅漬け
香味野菜を効かせて

材料（2人分）
きゅうり …………2本（200g）
みょうが …………1個（20g）
しょうが …………1かけ（10g）
塩………………小さじ1

作り方
① きゅうりは4〜5cm長さに切り、4つ割りにします。みょうがは縦半分に切って薄切りにします。しょうがはせん切りにします。
② 野菜を合わせて塩を混ぜ、皿2枚ほどの重しをして、約10分おきます。
③ 水気をしぼって盛りつけます。

15分
副菜 弁当
16kcal

きゅうりとしらすの酢のもの
歯ざわりがおいしい、食卓の定番

材料（2人分）
きゅうり …………1本（100g）
塩………………小さじ1/2
釜揚げしらす ……20g
A ┌ 酢……………大さじ1
　│ 砂糖…………小さじ1/2
　└ しょうゆ ……小さじ1/2

作り方
① きゅうりは塩小さじ1/4をふって板ずりし、洗います。小口切りにして塩小さじ1/4をふります。5〜10分おいてしんなりしたら、水気をしぼります。
② しらすは熱湯をかけ、水気をきります。
③ Aを合わせます。食べる直前にAで①②をあえて、盛りつけます。

15分
副菜
25kcal

きゅうりのポリポリサラダ
歯ごたえのよい野菜を集めて

材料（2人分）
きゅうり……………1本(100g)
にんじん……………60g
だいこん……………60g
塩……………………小さじ1/3
ドレッシング
　砂糖………………大さじ1/2
　酢…………………大さじ2
　塩…………………小さじ1/6
　サラダ油…………小さじ1
　粒こしょう（ホール）………少々
＊写真は辛みがほとんどないピンクペッパー。黒か白のこしょうなら辛いので少なめに。

作り方
① きゅうりは3～4cm長さの乱切りにします。にんじん、だいこんは皮をむき、きゅうりより小さめの乱切りにします。
② 野菜を合わせて塩小さじ1/3をふります。10分ほどおいて、水気をよくきります。
③ ドレッシングの材料を合わせ、②をあえます。

15分
副菜
弁当
49kcal

きゅうりのナムル
さっと加熱できゅうりの青くささがとれます

材料（2人分）
きゅうり……………1本(100g)
しいたけ……………2個(30g)
ごま油………………大さじ1/2
塩……………………小さじ1/4
すりごま（白）……大さじ1/2

作り方
① きゅうりは斜め薄切りにしてから細切りにします。しいたけは軸をとり、薄切りにします。
② フライパンにごま油を熱し、きゅうり、しいたけをしんなりするまで2～3分いためます。塩で味をととのえ、ごまを混ぜます。

10分
副菜
弁当
45kcal

主食 / 弁当 / 314kcal

栗
chestnut

▶ **旬** 秋

▶ **選び方**
つやがあって重いもの。むき栗より、鬼皮(殻)がついているほうが鮮度は保てる。

▶ **栄養**
でんぷんのほかビタミン類、食物繊維など少量ずつ含む。渋皮にタンニンを含む。

▶ **保存**（→p.188）
そのまま冷蔵すると虫がわきやすいので、なるべくすぐゆでる。ゆでるか蒸して冷凍できる（皮つきでもなしでも）。

▶ **皮をむくコツ**
・湯に20分ほどつけると、鬼皮がやわらかくなってむきやすい。
・底を切り落としてから、先端に向けて鬼皮と渋皮をむくとむきやすい。

▶ **100gはこのくらい**

↑ 栗ごはん
むきたての栗はアクがあるので、
水でさらしてから炊くのがコツです

材料（4人分）
栗（殻つき）……160g（8〜10個）
米………米用カップ1・1/2（270ml・225g）
もち米………米用カップ1/2（90ml・75g）
水………350ml
A ┃ 酒………大さじ1
　 ┃ 塩………小さじ1/2

作り方
❶ 米ともち米は合わせてとぎ、炊飯器に入れます。分量の水につけて1時間以上おき、充分水を含ませます。
❷ 栗は熱湯に20分ほどつけて、鬼皮をやわらかくします。底の部分を切り落としてそこから先端に向かって皮をむきます。大きければ食べやすい大きさに切り、水に10分ほどさらして、アクをとります。
❸ ①にA、栗を加えてざっと混ぜ、ふつうに炊きます。

70分
主食 弁当
291kcal

⬆ グリーンピースごはん
年中あるとはいえ、春の季節のごはんは格別です

材料（4人分）
グリーンピース（さやつき）
　…20さや（200g・正味100g）
米……米用カップ2（360ml・300g）
水………………400ml
A ┃ 酒………大さじ1
　 ┃ 塩………小さじ2/3

作り方
① 米をとぎ、分量の水と炊飯器に入れ、30分以上おきます。
② 豆をさやから出します。豆とAを①に加え、ふつうに炊きます。
＊写真はいり卵を添えています。

⬇ 青豆の翡翠煮（ひすい）
プチッとはじける旬の味

25分
副菜
28kcal

材料（4人分）
グリーンピース（さやつき）
　…20さや（200g・正味100g）
塩………………大さじ1/2
A ┃ だし………カップ1
　 ┃ 砂糖・酒…各大さじ1/2
　 ┃ 塩…………小さじ1/6
　 ┃ しょうゆ…1〜2滴

作り方
① 豆はさやから出し、塩を混ぜます。熱湯で5〜6分やわらかくゆで、水気をきります。
② 鍋にAを煮立てて豆を入れ、ひと煮立ちしたら火を止めます。そのままさまして味を含ませます。

グリーンピース
green peas

▶ **旬** 春
▶ **選び方**
緑色が濃く、さやがふっくらしていて端まで豆が入っているもの。さやつきのほうが鮮度を保つ。

▶ **栄養**
糖質、ビタミンB_1・B_2、ビタミンCなどを少量ずつ含む。食物繊維が豊富。

▶ **保存**（→p.188）
さやつきのままポリ袋に入れて野菜室に。2〜3日以内に使う。ゆでた豆は冷凍できる。

▶ **調理のヒント**
豆はさやからとり出すとかたくなるので、調理する直前にとり出す。

▶ **100gはこのくらい**
（正味50g弱）

15分
副菜
105kcal

クレソン
watercress

▶ **旬** 春

▶ **選び方**
張りのある葉がたくさんついているもの。

▶ **栄養**
カロテンが豊富。辛味成分は消化吸収を助ける。

▶ **保存**（→p.188）
風や乾燥に弱い。ポリ袋に入れて野菜室に。茎を水を入れたコップにさすか、ぬらしたペーパーを茎にあて、全体をポリ袋でおおって冷蔵庫におくと4～5日もつ。ゆでて冷凍も。

▶ **調理のヒント**
茎の太い部分はかたいので、汁の実やいためものに。

↑ クレソンとほたてのサラダ
クレソンのほろにがさとほたての甘さがよく合う

材料（2人分）
クレソン …………1束(40g)
ほたて貝柱(生食用)…3個(80g)
ドレッシング
┌ 酢………………大さじ1/2
│ 白ワイン………大さじ1/2
│ サラダ油………大さじ1
│ 粒マスタード…小さじ1
└ 塩・こしょう……各少々

作り方
❶ クレソンの葉は3cm長さにつみとります。茎は2～3cm長さに切り、太ければ縦半分に切ります。
❷ 小鍋に湯をわかし、ほたてをさっと湯に通します。すぐ冷水にとり、水気をきります。3～4枚ずつの薄切りにします。
❸ ドレッシングの材料を混ぜます。
❹ ほたてとクレソンを盛りつけ、ドレッシングをかけます。

▶ **50gはこのくらい**

20分
主菜
弁当
276kcal

ゴーヤ
bitter melon

▶ 旬　夏
▶ 選び方
緑が濃く、イボに張りとつやがある。
▶ 栄養
ゴーヤのビタミンCは加熱でこわれにくい。「にがうり」の名のごとく、独特のにが味成分を含むが、これは食欲を増進させる働きも。
▶ 保存（→p.188）
ポリ袋に入れ、へたを上にして立てて野菜室に。丸ごとなら5日くらいもつ。生のまま薄切りなどすぐ使える形にして冷凍できる。
▶ 調理のヒント
・スプーンなどで、種とわたを一緒に除く。

・にが味をやわらげるには、塩もみをしたり、ゆでたりするとよい。

▶ 100gはこのくらい

ゴーヤチャンプルー
にが味を上手におかずにした沖縄の味

材料（2人分）
ゴーヤ…小1本または1/2本（120g）
　塩……………………小さじ1/6
もめんどうふ………1/3丁（100g）
豚ばら肉（薄切り）…80g
　塩・こしょう……各少々
卵………………………1個（60g）
サラダ油……………大さじ1/2
A｜ 酒…………大さじ1
　｜ 塩…………小さじ1/6
けずりかつお…3g
しょうゆ………小さじ1

作り方
❶ ゴーヤは縦半分に切ってわたを除き、3mm幅の薄切りにします。塩をふって10分おき、水気をしぼります。
❷ 湯をわかし、とうふを大きくくずして入れ、1分ほどゆでてざるにとります。
❸ 豚肉は3cm長さに切り、塩、こしょう各少々をふります。卵は割りほぐします。
❹ 大きめのフライパンに油を熱し、強火で肉をいためます。火が通ったら、とうふ、ゴーヤを順に加え、大きく混ぜ、Aで調味します。中身をフライパンの端に寄せ、あいているところでいり卵を作ります。けずりかつおを加えて全体を混ぜ、最後にしょうゆを鍋肌から回し入れて、火を止めます。

ゴーヤとトマトの洋風煮もの
にが味マイルド、さっぱりシチュー

材料（2人分）
ゴーヤ ……小1本(180g)
豚カレー用肉
　　　………150g
　(塩・こしょう各少々
　　小麦粉小さじ1)
たまねぎ ……1/4個
トマト(完熟)…1個(200g)
オリーブ油 …大さじ1/2
こしょう ……少々

A ｛
水 ………50ml
固形スープの素
　　………1/2個
白ワイン…大さじ2
ローリエ…1枚
バジル(乾燥)
　　……小さじ1/2
塩 ……小さじ1/6
｝

作り方
❶ ゴーヤは縦半分に切ってわたを除き、4cm角に切ります。
❷ 豚肉は塩、こしょうをふって、小麦粉をまぶします。たまねぎは薄切り、トマトはへたをとってざく切りにします。
❸ 厚手の鍋に油を熱し、たまねぎをいため、肉を加えていためます。肉の色が変わったら、ゴーヤ、トマト、Aを加えます。ふたをずらしてのせ、沸とう後弱めの中火で15〜20分煮ます。こしょうをふります。

30分
主菜 / 弁当 / 370kcal

ゴーヤと肉のみそいため
こっくり味でごはんに合います

材料（2人分）
ゴーヤ ………1/2本(120g)
牛もも肉(薄切り、または焼き肉用)…80g
　塩・こしょう…各少々
赤とうがらし …1/2本
ごま油 ………大さじ1/2

A ｛
みそ・酒 各大さじ1
砂糖……大さじ1/2
｝

作り方
❶ ゴーヤは縦半分に切ってわたを除き、2〜3mm幅の薄切りにします。
❷ 牛肉は2cm幅に切り、塩、こしょうをふります。赤とうがらしは種をとって小口切りにします。Aは合わせます。
❸ フライパンにごま油を熱し、赤とうがらし、牛肉をいためます。肉の色が変わったら、ゴーヤを加えていため、最後にAを加えてからめます。

15分
副菜 / 弁当 / 147kcal

ゴーヤのピクルス
ゴーヤの酢のもの
ゴーヤは切る厚みで味が違います

材料 （2人分）
ピクルス 　　　　　　　　1人分48kcal

ゴーヤ	1/3本（80g）
塩	小さじ1/6

A
砂糖・白ワイン	各大さじ1
酢	大さじ3
塩	小さじ1/3
粒こしょう*（ホール）	少々
サラダ油	小さじ1

＊粒こしょうは白や黒でも。
　写真は辛味のないピンクペッパー。

酢のもの 　　　　　　　　1人分20kcal

ゴーヤ	1/3本（80g）
けずりかつお	3g
A（しょうゆ・酢・みりん	各小さじ1）

作り方
ピクルス
❶ ゴーヤは縦半分に切ってわたを除き、5mm幅に切ります。塩でもんで、熱湯でさっとゆでます。
❷ ボールにAを合わせ、ゴーヤが熱いうちにつけます。

酢のもの
❶ ゴーヤは縦半分に切ってわたを除き、端からごく薄く切ります。塩水（水カップ1＋塩小さじ1/2・材料外）に10分ほどつけ、水気をきります。
❷ Aであえ、けずりかつおを混ぜます。

15分　副菜　弁当

ゴーヤのツナサラダ
にが味がなじんで食べやすいサラダ

材料 （2人分）

ゴーヤ	1/2本（120g）
塩	小さじ1/6
ミニトマト	6個（100g）
ツナ缶詰	小1缶（80g）

A
マヨネーズ	大さじ3
酢（またはレモン汁）	小さじ1
塩・こしょう	各少々

作り方
❶ ゴーヤは縦半分に切ってわたを除き、2mm幅の薄切りにします。塩をふって5〜10分おき、水気をしぼります。
❷ ミニトマトは半分に切ります。ツナは油をきって、軽くほぐします。
❸ Aを混ぜて、①②をあえます。

15分　副菜　弁当　257kcal

15分※
主食
弁当
377kcal
※炊飯時間は除く

↑ とりごぼうめし
ごぼうの具を作ってごはんに混ぜます。お弁当にも人気です

材料（4人分）
米…米用カップ2（360ml・300g）
ごぼう…………1/2本（100g）
とりひき肉………150g
A｛ 砂糖…………大さじ1/2
　 みりん………大さじ1
　 しょうゆ……大さじ3 ｝
サラダ油…………小さじ1
焼きのり（細切り）…1枚
紅しょうが…………20g

作り方
① ごはんはふつうに炊きます。
② ごぼうは皮をこそげて、約3cm長さのささがきにしながら水にさらし、水気をきります。
③ 鍋に油を熱し、ごぼうを中火で2分ほどいためます。油がよくなじんだら、ひき肉を加え、パラリとするまでいためます。Aを加え、汁気がなくなるまでいため煮にします。
④ 炊きたてのごはんに、③を混ぜます。のりとしょうがをのせます。

こ

ごぼう
burdock root

▶ **旬**　秋～冬
新ごぼうは初夏。

▶ **選び方**
香りとうま味が皮の近くにあり、洗うと鮮度も落ちるので、泥つきで買いたい。太すぎるもの、ひび割れのあるものは避ける。

▶ **栄養**
食物繊維やオリゴ糖が豊富で、腸によい。抗酸化力のあるポリフェノールも。

▶ **保存**（→p.188）
泥つきは新聞紙かポリ袋に包んで冷暗所に。洗ったものはポリ袋に入れて野菜室で。

▶ **調理のヒント**
・皮の近くがおいしいので皮はむかずに、こそげる程度に。
・切るとすぐ変色するので、切るそばから水にさらすが、栄養やうま味成分も逃げるのですぐとり出す。白く仕上げたい場合は水に酢を加える（水カップ1に酢小さじ1の割合）。

▶ 100gはこのくらい

ごぼうサラダ
マヨネーズをさっぱり味にしました

材料（2人分）
ごぼう……………………1/2本（100g）
（水カップ2　酢小さじ2）
A ┌ マヨネーズ……大さじ1・1/2
　├ 砂糖……………小さじ1/4
　├ 酢………………小さじ1/2
　└ 塩………………少々
（彩り）パプリカ少々　サラダ菜適量

作り方
① ごぼうは皮をこそげ、4cm長さの細切りにします。酢水にさらして水気をきります。
② たっぷりの熱湯でごぼうを4～5分ゆでます。ざるにとって水気をきり、さまします。
③ Aを合わせ、ごぼうをあえます。盛りつけてパプリカをふります。

15分
副菜
弁当
99kcal

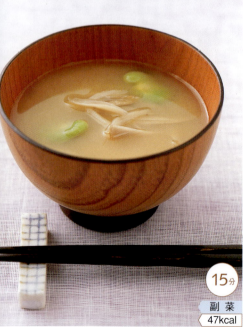

新ごぼうのみそ汁
新ごぼうのやさしい香りを味わうには、まずこれが手軽です

材料（2人分）
新ごぼう…………………1/2本（40g）
そら豆（さやつき）…2さや（100g・正味20g）
だし………………………カップ1・1/2
みそ………………………大さじ1・1/2

作り方
① ごぼうは3～4cm長さのささがきにしながら、水にさらし、水気をきります。
② 鍋にだしとごぼうを入れて中火にかけます。沸とうしたら弱火にし、ふたをして4～5分煮ます。
③ そら豆はさやから出し、2～3分ゆでます。皮をむきます。
④ ②にみそをとき入れ、沸とう直前に火を止めます。椀に盛り、そら豆を加えます。

15分
副菜
47kcal

新ごぼうは、香りがおだやかでやわらかい。皮をこそげずに、たわしで洗う程度にして使いたい。

柳川ごぼう
ささがきの大きさはお好みで

材料 （2人分）
ごぼう……………………1/2本（100g）
牛肩ロース肉（薄切り）…100g
卵…………………………2個
A ┌ 水……………………カップ1/2
　├ 砂糖…………………大さじ1/2
　└ 酒・しょうゆ………各大さじ1
粉さんしょう ………………少々

作り方
❶ ごぼうは皮をこそげ、4～5cm長さのささがきにしながら、水にさらして水気をきります。
❷ 牛肉は4～5cm長さに切ります。卵は割りほぐします。
❸ 鍋にAとごぼうを入れて、強火にかけます。沸とうしたら、ふたをして中火で4～5分、ごぼうがやわらかくなるまで煮ます。
❹ 牛肉を広げて入れ、アクが出てきたら除きます。卵を回し入れ、ふたをして半熟に仕上げます。粉さんしょうをふります。

15分
主菜
弁当
282kcal

きんぴらごぼう
永遠のおそうざいです。
ごぼうをよーくいためるのがコツ

材料 （2人分）
ごぼう………1/2本（100g)　　A ┌ 砂糖……小さじ1
にんじん……小1/4本（40g）　　├ みりん…小さじ2
赤とうがらし…小1/2本　　　　├ しょうゆ…大さじ1
ごま油………大さじ1/2　　　　└ 水………大さじ2

作り方
❶ ごぼうは皮をこそげ、4～5cm長さの細切りにします。水にさらして水気をきります。にんじんも同じ形に切ります。赤とうがらしは種をとって小口切りにします。
❷ 鍋にごま油を熱し、強火でごぼうを2～3分よくいためます。にんじんを加えて軽くいためてから、Aを加えていためます。途中で赤とうがらしを加え、汁気がほぼなくなったら火を止めます。

15分
副菜
弁当
91kcal

こまつな
Japanese mustard spinach

▶ **旬** 冬

▶ **選び方**
張りとつやがあるものが新鮮。

▶ **栄養**
カロテン、ビタミンCのほか、カルシウム、鉄が多い。

▶ **保存**（→p.188）
ポリ袋に入れて、密閉せずに口を折って野菜室に。ゆでて冷凍できる。

▶ **調理のヒント**
・アクが少なく下ゆでなしで調理できる。
・茎と葉では火の通りが異なるので、ゆでるときは茎から湯に入れて、加熱の時間差をつけるとよい。

30分
主菜
200kcal

⬆ こまつなぎょうざ
なじみやすい味なので、はくさい代わりにもなります

材料（2人分）

こまつな	1/3束（100g）
塩	小さじ1/4
豚ひき肉	60g
ねぎ	5cm
しょうが	小1かけ（5g）

A：
砂糖	小さじ1/2
しょうゆ	小さじ1
こしょう	少々
ごま油	小さじ1/2

ぎょうざの皮（大判）	1袋（10枚）
熱湯	カップ1/2
サラダ油	小さじ1・1/2

作り方

❶ こまつなの茎は5mmくらいにきざみ、葉もあらみじん切りにします。塩を混ぜて約5分おき、水気をしぼります。
❷ ねぎ、しょうがはみじん切りにします。
❸ ボールにひき肉とAを入れてよく混ぜ、①②を混ぜます。10等分にし、ぎょうざの皮で包みます。
❹ フライパンにサラダ油小さじ1/2を入れて中火にかけ、ぎょうざを並べます。すぐ熱湯を加えてふたをし、強めの中火で約3分、水分がほぼなくなるまで蒸し焼きにします。
❺ ふたをとり、油小さじ1をぎょうざのまわりにたらして1～2分加熱し、きれいな焼き色をつけます。

▶ **100gはこのくらい**

こまつなとさつま揚げの煮もの
青菜を手軽にたくさん食べられます

材料 （2人分）
こまつな ……………………… 1/2束（150g）
さつま揚げ …………………… 1枚（60g）
A ┌ だし ……………………… カップ1/4
　├ 酒 ………………………… 大さじ1
　├ みりん …………………… 小さじ1
　└ しょうゆ ………………… 小さじ1

作り方
❶ こまつなは4cm長さに切ります。さつま揚げは熱湯をかけて油抜きします。
❷ 鍋に、Aを煮立て、①を入れます。ふたをして10分ほど中火で煮ます。
❸ 火を止めてそのままさまし、味を含ませます。

15分
副菜
弁当
61kcal

こまつなとゆばのわさびあえ
わさびが効いておいしい

材料 （2人分）
こまつな ……………………… 1/2束（150g）
ゆば（乾燥）………………… 1枚（5g）
A ┌ だし ……………………… カップ1/4
　├ みりん …………………… 小さじ1/2
　└ しょうゆ ………………… 小さじ1/2
B ┌ だし・しょうゆ ……… 各小さじ1
　└ 練りわさび ……………… 小さじ1/4

作り方
❶ こまつなは熱湯でゆでて水にとり、水気をきってしぼり、3～4cm長さに切ります。
❷ ゆばは水に5分ほどつけてもどし、3cm角に切ります。Aで2分ほど煮ます。
❸ Bで①②をあえます。

15分
副菜
弁当
30kcal

15分
主菜
弁当
195kcal

↑ さつまいもと豚肉の煮もの
さつまいもの甘味もほどよく、主菜になる煮ものです

材料（2人分）

さつまいも………小1本(150g)	A ┌ 水………カップ1/4
豚もも肉（薄切り）…80g	├ みりん……大さじ1
しょうが………小1かけ(5g)	└ しょうゆ……小さじ2
ねぎ………10cm	
サラダ油………小さじ1/2	

作り方

❶ さつまいもは皮つきのまま1cm厚さの輪切りか半月切りにします。水にさらして、水気をきります。

❷ しょうがは薄切りに、ねぎは4～5cm長さの斜め切りにします。豚肉は2cm幅に切ります。

❸ フライパンに油を熱し、肉をいためます。肉の色が変わったら、しょうが、ねぎ、いもを加えていためます。

❹ 油がまわったらAを加え、ふたをして弱火で7～8分、汁気がなくなるまで煮ます。

さつまいも
sweet potato

▶ **旬**　秋

▶ **選び方**
重量感があるもの。皮のつやがよく、ふっくらとした形のもの。

▶ **栄養**
食物繊維が多く、便秘解消やコレステロールを下げる働き。カロテン、熱でこわれにくいビタミンCも豊富。

▶ **保存**（→p.188）
低温に弱い。新聞紙などに包んで冷暗所に。使いかけはラップをして野菜室で。

▶ **調理のヒント**
・切り口はすぐ黒ずむので、切るそばから水にさらす。

・きんとんなど、なめらかに色をきれいに仕上げたいときは、皮の内側の黒っぽい筋まで皮を厚くむく。

・電子レンジで手軽なふかしいもが作れる。1本200gで約5分加熱(500W)。

▶ **100gはこのくらい**

さつまいもサラダ
ビタミンたっぷりで美肌効果もありそう

材料（2人分）
- さつまいも……………小1本（150g）
- にんじん………………30g
- カマンベールチーズ……50g
- A
  - マヨネーズ………大さじ1・1/2
  - 酢…………………小さじ1
  - 塩・こしょう………各少々
- サラダ菜………………2枚

作り方
1. さつまいもは1.5cm厚さの輪切りにして皮をむき、1.5cm角に切ります。水にさらします。にんじんは1cm角に切ります。チーズはひと口大に切ります。
2. 鍋にいもと、かぶるくらいの水を入れて火にかけます。沸とうしたら中火で3〜4分ゆで、にんじんを加えてさらに2〜3分ゆでます。やわらかくなったらざるにとり、さまします。
3. ボールにAを合わせ、②とチーズをあえます。

20分　副菜　弁当　237kcal

さつまいものジュース煮
柑橘類のジュースで色つやよく煮えます

材料（2人分）
- さつまいも（細いもの）…1本（150g）
- レーズン………………大さじ1
- A
  - オレンジジュース
    （果汁100%）………100ml
  - 水…………………50ml
  - 砂糖………………小さじ2
  - バター……………5g

作り方
1. さつまいもは皮つきのまま1.5cm厚さの輪切りにします。角を面とりし（煮くずれしにくい）、水にさらします。
2. 鍋に、いも、レーズン、Aを入れます。強火にかけてふたをずらしてのせ、沸とうしたら弱火にし、汁気がほぼなくなるまで約15分煮ます。

20分　副菜　弁当　158kcal

さつまいもの田舎煮
煮くずれてもおいしいおそうざい

材料（2人分）
さつまいも ……… 1本（200g）
A ┃ 水 ………… 150ml
　┃ 砂糖 ……… 大さじ1・1/2
　┃ 酒 ………… 大さじ1
しょうゆ ……… 大さじ1/2

作り方
① さつまいもは皮つきのまま2cm厚さの輪切りか、大きければ半月切りにします。水にさらします。
② 鍋にAといもを入れます。落としぶたをし、ふたをずらしてのせ、中火で7〜8分煮ます。しょうゆを加え、弱火で煮汁が少なくなるまで煮ます。

20分　副菜　弁当　147kcal

大学いも
揚げると甘味が引き立ち、香ばしく

材料（2人分）
さつまいも ……… 1本（200g）
いりごま（黒）…… 小さじ1/2
揚げ油 …………… 適量
A ┃ 砂糖 ……… 大さじ2
　┃ 水 ………… 大さじ1
　┃ しょうゆ … 小さじ1/2
　┃ 酢 ………… 小さじ1/2

作り方
① さつまいもは皮つきのまま3〜4cm大の乱切りにして、水にさらし、水気をふきます。
② 揚げ油を中温（160〜170℃）に熱し、いもを入れます。4〜5分揚げたら、高温（180℃）にし、色よくなったらとり出します。
③ フライパンにAを入れて混ぜ、あとは混ぜないで、中火にかけます。半量に煮つまったら、さつまいもを入れて手早くからめます。さめるとあめがかたくなります。ごまをふります。

20分　副菜　弁当　228kcal

さといも
taro

- ▶ **旬** 秋～初冬
  お月見に供える「衣被（きぬかつぎ）」は初秋に出回る小いもで作る。
- ▶ **選び方**
  泥つきで皮にしめり気があるもの。
- ▶ **栄養**
  ぬめり成分に消化を助ける働きがある。
- ▶ **保存**（→p.188）
  低温に弱い。1週間くらいなら泥つきのまま、それ以上なら泥を洗って皮をよく乾燥させてから、新聞紙に包んで冷暗所で。
- ▶ **調理のヒント**
  ・土を洗い落としたあとで乾かすと、皮をむきやすい。
  ・ぬめりをとる場合は、塩もみして洗う。しっかりとぬめりをとる場合は、さらにさっとゆでる（左下写真）。

30分
副菜
弁当
140kcal

↑ さといもといかの煮もの
ぬめりをとってから作ると、食感が上品に仕上がります

材料（2人分）

さといも	250g（3〜4個）
塩	小さじ1/4
いか	小1ぱい（200g）
しょうが	小1かけ（5g）

A
水	カップ1/2
砂糖	小さじ1
酒	小さじ2
しょうゆ	小さじ2

作り方

1. いかははらわたをとり、皮つきのまま胴は1cm厚さの輪切りに、エンペラは食べやすい大きさに、足は1〜2本ずつにして足先と大きな吸盤を落とします。
2. さといもは皮をむいてひと口大に切ります。塩をふってもみ、さっとゆでてぬめりをとります（下写真）。
3. しょうがは薄切りにします。鍋にAを沸とうさせ、いか、しょうがを入れます。いかが白くなったらとり出します。
4. 煮汁のアクをとり、さといも、水カップ1/4（材料外）を加えます。沸とうしたら弱火にし、落としぶたをして鍋のふたをずらしてのせます。10分ほど煮て、いもがやわらかくなったら、いかをもどして温め、火を止めます。

さといものぬめりのとり方

1. 塩をふってもみます（500gに塩小さじ1/2の割合）。
2. 塩がついたまま、いもを水からゆでます。沸とうしたら水にとり、ぬめりを洗います。

▶ **100gはこのくらい**

きぬかつぎ
お月見のころにちょうど出回る小いもで

材料（2人分）
- さといも（小粒）……………6個（150g）
- 練りみそ ┌ 砂糖・みりん……各大さじ1
　　　　　└ みそ ……………大さじ2弱（30g）
- いりごま（黒）………………小さじ1/2

作り方
1. さといもはよく洗い、上1/3のところで、皮に切り目をぐるりと入れます。水気がついたままラップで包み、電子レンジで約2分加熱（500W）します。上下を返してさらに約2分加熱します。
2. 上の皮をむきます。
3. 小鍋に練りみその材料を合わせ、混ぜながら加熱します。とろりとしたら火を止めます。
4. いもにごまをのせます。みそをつけて食べます。

15分　副菜　弁当　100kcal

さといもととり肉のこっくり煮
ぬめりをとらずに煮て、こっくりと

材料（2人分）
- さといも …4個（280g）
- とり手羽中* ………6本（180g）
- しょうが …大1かけ（15g）
- サラダ油 …大さじ1
- A ┌ 水 ……150ml
　　├ しょうゆ ……大さじ1・1/2
　　├ 酒 ……大さじ1
　　└ みりん ……大さじ1

＊手羽先がついている場合は約210g。

作り方
1. さといもは皮をむき、4cm大くらいに切ります。しょうがは半分を薄切りに、残りはせん切りにします。
2. 鍋に油大さじ1/2を熱して、さといもをいため、薄く色づいたら、とり出します。
3. 鍋に油大さじ1/2をたして、手羽を皮を下にして入れ、両面に焼き色をつけます。薄切りしょうが、さといも、Aを加えます。
4. 沸とうしたらアクをとり、弱めの中火にして、落としぶたをして鍋のふたをずらしてのせます。時々鍋をゆすりながら、煮汁がほぼなくなるまで約25分煮ます。
5. 盛りつけ、せん切りしょうがをのせます。

45分　主菜　弁当　262kcal

↙ つきいものごまあえ
少し余ったいもも使いきれます

材料 （2人分）
さといも	2個 (150g)
きゅうり	1/2本 (50g)
A { すりごま（黒）	大さじ2
砂糖	小さじ2/3
しょうゆ	小さじ1

作り方
❶ さといもは皮をむき、2cm大に切ります。鍋に入れて、かぶるくらいの水を加えて火にかけます。10〜15分ゆでます。（電子レンジなら、途中上下を返して約4分加熱）
❷ やわらかくなったら、水気をきります。熱いうちに、フォークなどであらくつぶして、Aを混ぜます。さまします。
❸ きゅうりは小口切りにします。塩少々（材料外）をふって少しおき、水気をしぼります。いもと混ぜます。

25分　副菜　弁当　71kcal

← さといも汁
具だくさんでとろみもあって、暖まります

材料 （2人分）
さといも	3個 (210g)	油揚げ	1/2枚 (15g)
にんじん	30g	だし	カップ2・1/2
ねぎ	1/4本	みそ	大さじ2
こんにゃく	1/4枚 (50g)		

作り方
❶ さといもは皮をむき、約2cm大に切ります。にんじんは5mm厚さの半月切りに、ねぎは1.5cm長さに切ります。
❷ こんにゃくは約1cm角にちぎり、熱湯で1分ほどゆでます。油揚げは熱湯をかけ、縦半分に切って1.5cm幅に切ります。
❸ 鍋に、だしと、ねぎ以外の①②を入れて火にかけます。沸とうしたらふたをし、弱めの中火で約15分煮ます。
❹ いもがやわらかくなったら、ねぎを加え、みそをとき入れます。

30分　副菜　127kcal

30分
主菜
弁当
168kcal

さやいんげん
string beans

▶ 旬　夏
▶ 種類
丸ざやのほか、さやが扁平な平ざやいんげん（モロッコいんげんとも）がある。
▶ 選び方
色つやがよくて、みずみずしいものが新鮮。
▶ 栄養
ビタミン類、食物繊維など少量ずつ含む。豆の部分に必須アミノ酸のリジンを含む。
▶ 保存（→p.188）
しなびやすいのでポリ袋に入れて野菜室に。冷やしすぎると低温障害で茶色に変色。ゆでて冷凍できる。
▶ 調理のヒント
筋なしが主流だが、筋があれば、へたから引いてとる。

⤴ さやいんげんとはるさめのいため煮
いためてから煮るのでコクあり。
はるさめがおいしい味をたっぷり含んでいます

材料（2人分）

さやいんげん……………100g
豚もも肉（薄切り）……100g
はるさめ（緑豆）………20g
ねぎ………………………10cm
しょうが…………小1かけ（5g）
サラダ油…………………小さじ1

A
水……………………カップ3/4
スープの素………小さじ1/2
しょうゆ……………大さじ1
酒…………………大さじ1/2

作り方

❶ はるさめを熱湯に3分つけてもどし、ざるにとって洗います（商品の表示のもどし方にしたがってください）。5cm長さに切ります。

❷ いんげんは両端を切り落とし、長さを半分に切ります。豚肉は3cm長さに切ります。

❸ ねぎは3〜4cm長さの斜め切り、しょうがは薄切りにします。

❹ 大きめのフライパンに油を熱し、③と豚肉を中火でいためます。肉に焼き色がついたら、いんげんを加えて油がなじむまでいためます。Aを加え、沸とうしたらふたをずらしてのせ、弱めの中火で15分煮ます。

❺ はるさめを加え、汁気がほとんどなくなるまで煮ます。

▶ 100gはこのくらい

さやいんげんと肉のサラダ
いんげんの歯ざわりがよい、さっぱりおかず

材料（2人分）
さやいんげん……………100g
牛しゃぶしゃぶ用肉……100g
にんじん…………………30g
みょうが…………………1個(20g)
たまねぎ…………………20g
A ┃ しょうゆ・酢………各大さじ1
　 ┃ サラダ油……………小さじ1

作り方
❶ さやいんげんはへたを落とし、熱湯で3〜4分ゆでます。5〜6cm長さの斜め切りにします。
❷ にんじんは5cm長さのせん切りにします。塩少々（材料外）でもみ、しんなりしたら水気をしぼります。
❸ みょうがは縦半分に切って薄切りにし、たまねぎは薄切りにします。ボールにAを合わせ、両方をつけます。
❹ 牛肉は2cm幅に切ります。熱湯でゆで、③に入れて味をなじませます。
❺ 食べる前に①②を加えて混ぜます。

20分
主菜
弁当
207kcal

さやいんげんと
さつま揚げの煮もの
いんげんが出盛る時期の副菜に

材料（2人分）
さやいんげん…100g
さつま揚げ
　…小3枚(100g)
A ┃ 水…………カップ3/4
　 ┃ 砂糖………小さじ1
　 ┃ 酒…………大さじ1
　 ┃ しょうゆ…大さじ1/2

作り方
❶ さやいんげんはへたを切り落とし、長さを半分に切ります。
❷ さつま揚げは熱湯をかけて油抜きし、ひと口大のそぎ切りにします。
❸ 鍋に①②とAを入れて火にかけ、沸とうしたらふたをして弱めの中火にします。時々混ぜながら、汁気がほとんどなくなるまで15分ほど煮ます。

20分
副菜
弁当
91kcal

さやいんげんのしょうがあえ
かんたんな味つけが、よく合います

材料（2人分）
さやいんげん………100g
A ┌ 水……………カップ2
　 └ 塩……………小さじ1
しょうが…………小1かけ（5g）
しょうゆ…………小さじ1/2
ごま油……………小さじ1/2

作り方
① さやいんげんはへたを切り落とします。Aを煮立てて、いんげんを2〜3分ゆでます。3〜4cm長さに切ります。
② しょうがはあらみじんに切ります。
③ ボールにいんげんを入れ、しょうが、しょうゆ、ごま油を加えてあえます。

10分　副菜　弁当　22kcal

モロッコいんげんの
かんたんいため
モロッコいんげんはやわらかくてボリュームもあり

材料（2人分）
モロッコいんげん…100g
たまねぎ…………1/4個（50g）
ベーコン…………2枚
サラダ油…………小さじ1
塩・こしょう………各少々

作り方
① モロッコいんげんは筋があればとり、へたを落とします。熱湯でゆで、ざるにとります。
② たまねぎは細切りにします。ベーコンは2cm幅に切ります。
③ フライパンに油を熱し、ベーコンをいためます。たまねぎ、いんげんを加えていため、塩、こしょうをふります。

15分　副菜　弁当　119kcal

モロッコいんげん

15分
主菜
弁当
109kcal

さやえんどう
snow peas

スナップえんどう
snap beans

↑ さやえんどうとささみのバターいため

手早くいためて歯ざわりと鮮やかな色を生かします

材料（2人分）

さやえんどう……60g	バター………10g
セロリ…………1/2本	酒…………大さじ1
とりささみ……2本(100g)	塩………小さじ1/8
A 酒……小さじ1	こしょう……少々
塩……少々	
かたくり粉…小さじ1	

作り方

❶ さやえんどうは筋をとります。セロリは筋をとり、3〜4cm長さの斜め切りにします。

❷ とりささみはひと口大のそぎ切りにし、Aをもみこみます。

❸ 大きめのフライパンにバターを溶かし、ささみを入れて、色が変わるまでいためます。①を加えて1分ほどいため、酒、塩で調味します。最後に、こしょうを加えて火を止めます。

▶ **旬** 初夏

さやえんどうは、絹さやとも呼ぶ。スナップえんどうは、豆が成長してもさやがかたくならない品種。

▶ **選び方**

張りがあってみずみずしいもの。

▶ **栄養**

ビタミンCが多い。豆の部分に必須アミノ酸のリジンを含む。

▶ **保存**（→p.188）

ポリ袋に入れて野菜室に。ゆでて冷凍できる。

▶ **調理のヒント**

へたから折って太い筋を除く。反対側の筋も同じほうから引く。

▶ **50gはこのくらい**

さやえんどうとえのきのおひたし
細かく切って味をよくからめます

材料（2人分）
さやえんどう ……50g
えのきだけ ……100g
A ┃ だし…………大さじ1
　 ┃ しょうゆ ……大さじ1/2
しょうが(すりおろす)…小1かけ(5g)

作り方
① さやえんどうは筋をとります。えのきだけは根元を切り落とし、長さを半分に切ります。
② 熱湯でさやえんどうを30秒ほどゆで、とり出します。次にえのきだけを加え、再び沸とうしたらざるにあげ、よく水気をきります。さやえんどうは、せん切りにします。
③ 食べる直前に、Aで②をあえます。盛りつけて、おろししょうがをのせます。

15分 / 副菜 / 弁当 / 21kcal

さやえんどうの卵とじ
朝食にも手軽に作れます

材料（2人分）
さやえんどう ……40g
釜揚げしらす ……20g
卵………………1個
A ┃ 水…………大さじ2
　 ┃ 酒…………大さじ1/2
　 ┃ みりん………小さじ1
　 ┃ 塩…………少々

作り方
① さやえんどうは筋をとり、斜めに3〜4つに切ります。卵は割りほぐします。
② 鍋にAを合わせ、沸とうしたらさやえんどう、しらすを加えます。再び沸とうしたら弱火にし、卵を全体に回し入れてふたをします。1分ほど煮て、卵が半熟のうちに火を止めて、少しむらします。

10分 / 副菜 / 弁当 / 64kcal

25分 / 主菜 / 弁当 / 93kcal

スナップえんどうと いかの中華いため
スナップえんどうはボリュームが あるので主菜にも

材料（2人分）

- スナップえんどう……100g
- いか*……80g
- A ┌ 塩……少々
    │ 酒……小さじ1/2
    │ かたくり粉……小さじ1
- しょうが…小1かけ (5g)
- きくらげ………2〜3個
- サラダ油………小さじ1
- B ┌ 水………カップ1/2
    │ スープの素……小さじ1/2
    │ 酒………大さじ1
    │ 塩………小さじ1/6
    │ かたくり粉…小さじ1

＊いかは刺し身用かロールいかのような、 身が厚く、皮をむいたもの。

作り方

1. きくらげは水につけてもどし、2〜3つに切ります。えんどうは筋をとります。しょうがは薄切りにします。
2. いかは斜めの切りこみを入れ、4cm長さの薄切りにします。Aを順にまぶします。
3. 湯をわかし、えんどうときくらげを1分ほどゆでてとり出し、続いていかを1分強ゆでます。
4. Bを合わせます。フライパンに油を熱し、しょうがを軽くいためてBを入れ、沸とうしてとろみが出たら③を入れてからめます。

15分 / 副菜 / 弁当 / 159kcal

スナップえんどうのサラダ
豆の自然な甘味がおいしい

材料（2人分）

- スナップえんどう……80g
- ミニトマト…4個
- ロースハム…2枚
- A ┌ 酢………大さじ1
    │ しょうゆ…小さじ1/2
    │ サラダ油…大さじ1・1/2
    │ たまねぎのみじん切り
    │ ………大さじ1

作り方

1. スナップえんどうは筋をとり、熱湯で1分半ほどゆでて、長さを半分に切ります。トマトは4つに切ります。ハムは半分に切って細切りにします。
2. Aを順に合わせてドレッシングを作ります。①をあえます。

ししとうがらし
sweet green pepper

▶ **旬** 夏

▶ **種類**
ししとうがらしは甘味種のとうがらしの代表。ほかに、先がとがって細長い伏見とうがらしや、京野菜で大型の万願寺とうがらしがある。甘味種だが、まれに辛いものにあたる。

伏見とうがらし

万願寺とうがらし

▶ **選び方**
緑色が鮮やか。つやがある。

▶ **栄養**
ビタミンCが多い。

▶ **保存** (→p.188)
ポリ袋か、買ってきたパックのまま野菜室に。ゆでても冷凍には向かない。

▶ **調理のヒント**
・丸ごと揚げたり、焼いたりするときは、切り目を入れて破裂を防ぐ。
・切って使う場合、種が出て気になるなら除く。

▶ **50gはこのくらい**

ししとうとじゃこのいため煮
青とうがらしのみそいため

独特の青くささも、油でいためるとおいしくなるから不思議です

材料 (2人分)

いため煮	1人分111kcal
ししとうがらし	1パック(100g)
ごま油	大さじ1
ちりめんじゃこ	10g
A { しょうゆ	大さじ1
みりん	大さじ1

みそいため	1人分105kcal
ししとうがらし	1パック(100g)
ごま油	大さじ1
B { みそ	大さじ1
みりん	大さじ1
酒	小さじ1
しょうゆ	小さじ1/2

＊ ししとうがらしは、伏見とうがらしや、万願寺とうがらしなどに代えても。大きさによって切ります。種が気になる場合は除きます。

作り方
(いため煮・みそいためとも、①②は共通)
❶ ししとうはへたの先を切り落とします。
❷ 鍋にごま油を熱してししとうを入れ、全体に油が回ってところどころ白っぽくなるまでいためます。
❸ いため煮：じゃこを加えてさっといため、Aを加えて、汁気がなくなるまでいためます。
みそいため：Bを混ぜて、②に加えます。全体を大きく混ぜてからめます。

30分
主菜
弁当
504kcal

じゃがいもと豚肉のこっくり煮
味出しはカレー用の肉。材料がいたってシンプルです

材料（2人分）

じゃがいも	大2個（400g）
豚カレー用肉*	200g
サラダ油	大さじ1
卵	2個

A
水	カップ1
砂糖	大さじ2
酒	大さじ2
しょうゆ	大さじ2

*2〜3cmの角切り肉を使います。

作り方

❶ 卵は水からゆで、沸とう後7〜8分ゆでて、水にとります。よくさましてから殻をむきます。

❷ じゃがいもは皮をむいて3〜4つに切り、水にさらして水気をきります。

❸ 厚手の鍋に油を熱し、肉をいためます。焼き色がついたら、じゃがいもを加えていため、油がまわったら、Aを加えます。

❹ 沸とうしたらアクをとり、鍋のふたをずらしてのせ、弱火で15分ほど煮ます。ゆで卵を加え、煮汁をからませながら5分ほど煮て火を止めます。卵を切って盛りつけます。

し

じゃがいも
potato

▶ **旬**　秋〜冬

▶ **種類**
ホクホクした食感の男爵と、煮くずれしにくい粘質のメークインが代表品種。春に出回る新じゃがは水分が多く、皮はやわらかい。

▶ **選び方**
重いもの。傷や皮の色ムラがなく、芽が出ていない。

▶ **栄養**
でんぷん質でエネルギー源になる。じゃがいものビタミンCは加熱してもこわれにくい。

▶ **保存**（→p.188）
新聞紙に包んで冷暗所に。暑い時期はポリ袋に入れて野菜室に。光で芽が出やすく、芽や緑色になった部分は有毒なのでえぐりとる。ゆでても冷凍には向かないが、ゆでてよくつぶせば、冷凍できる。

▶ **調理のヒント**
・切り口が変色しやすいので水に1〜2分つける。

・電子レンジなら、1個（150g）につき約4分加熱。途中上下を返す。

▶ **100gはこのくらい**

肉じゃが
男爵でほっこり、メークインならねっとりと

材料（2人分）

じゃがいも…2個(300g)	さやいんげん…3本
牛薄切り肉(肩ロース・ロースなど)…100g	A だし…150ml 砂糖…大さじ1 酒・しょうゆ…各大さじ1・1/2
たまねぎ…1/2個(100g)	
にんじん…1/4本(50g)	
しょうが…1かけ(10g)	サラダ油…大さじ1
しらたき…1/2袋(100g)	

作り方

❶ じゃがいもは皮をむいて4つに切り、水にさらして水気をきります。

❷ たまねぎは4つのくし形に切り、にんじんは3cm大の乱切り、しょうがは薄切にします。

❸ いんげんはさっとゆでて、3cm長さに切ります。同じ湯でしらたきを軽くゆで、食べやすい長さに切ります。肉は5cm長さに切ります。

❹ 鍋に油を熱し、しょうが、たまねぎ、肉をいためます。油がまわったら、A、じゃがいも、にんじん、しらたきを加えます。

❺ 煮立ったらアクをとり、落としぶたをして鍋のふたをずらしてのせ、中火で約15分煮ます（途中で上下を返す）。汁が少なくなったら、いんげんを加えてひと混ぜします。

30分 主菜 弁当 455kcal

じゃがいもの梅いため
じゃがいもと梅だけでおいしい

材料（2人分）

じゃがいも…大1個(200g)	サラダ油…大さじ1
梅干し…1個(20g)	(あれば)しその葉…3枚
酒…大さじ1	

作り方

❶ じゃがいもは皮をむいてせん切りにします。水にさらして水気をよくきります。

❷ 梅干しは果肉を包丁で細かくたたきます。ボールにとり、酒とよく混ぜます。

❸ 大きめのフライパンに油を熱し、じゃがいもをいためます。すき通ってきたら、②を加え、全体にからませます。

❹ 味をみて、塩少々(材料外)で調味します。しそをせん切りにしてのせます。

20分 副菜 弁当 133kcal

60分
主菜
弁当
585kcal

ポテトコロッケ
生地が温かいうちにまとめ、
さめてから衣をつけるとくずれにくい

材料 (2人分)
じゃがいも…小2個(250g)
　塩…………小さじ1/4
たまねぎ……1/2個(100g)
牛ひき肉……100g
バター………10g
塩・こしょう…各少々
揚げ油………適量

フライ衣
│小麦粉………大さじ1
│卵1/2個＋水大さじ1/2
│パン粉………カップ1/2

つけ合わせ
│キャベツ2枚　サラダ菜2～3枚
│ミニトマト4個

作り方
❶ じゃがいもは皮をむいて4つに切ります。鍋に入れ、頭が見えるくらいの水を加えて火にかけ、やわらかくなるまで7～8分ゆでます。
❷ 湯を捨て、中火にかけて水分をとばします（a）。熱いうちに、塩をふってつぶします（b）。
❸ たまねぎはみじん切りにし、バターでいためます。4～5分いためて薄く色づいたら、ひき肉を加えて2～3分いためます。塩、こしょうで味をととのえます。
❹ いもと③を混ぜて（c）、4等分にします。人肌くらいにさめたら、生地を小判形にまとめます。フライ衣を順につけます（d）。
❺ 揚げ油を高温（170～180℃）に熱し、④を色よく揚げます（e）。

プロセス PROCESS

a　湯をきってから、いもの水分をよくとばします。こうしておくとコロッケが水っぽくならず、ホッコリ仕上がります。

b　つぶしやすいので、いもが熱いうちにつぶします。練らないようにします。

c　いためたひき肉とたまねぎを混ぜます。

d　小麦粉と卵液を、順番にまんべんなくつけて、パン粉がムラにならないように。

e　揚げはじめは、鍋底についている部分がこげないように、静かに動かします。

じゃがいものベーコンいため
油で揚げるようにいためてコクを出します

材料（2人分）

じゃがいも…2個(300g)	サラダ油…大さじ3強
ベーコン……2枚	塩………小さじ1/4
パセリ………2枝(20g)	こしょう …少々

作り方

❶ じゃがいもは皮をむいて3mm厚さのいちょう切りにし、水にさらして水気をきります。
❷ パセリは葉をつみ、ざく切りにします。ベーコンは2cm幅に切ります。
❸ フライパンに油少々とベーコンを入れ、カリカリになるまでいためてとり出します。
❹ 油大さじ3を加え、弱火でじゃがいもをじっくりいためます。すき通ってきたらフライパンを傾けて油を捨て、③、パセリを加えて強火で混ぜ、塩、こしょうをふります。

20分
副菜
弁当
367kcal

ポテトとチキンのワイン蒸し焼き
少量の水分で蒸すのでうま味が凝縮

材料（2人分）

じゃがいも …2個(300g)	白ワイン
とりもも肉 …150g	…大さじ1・1/2
塩・こしょう…各少々	バター……15g
たまねぎ……1/2個(100g)	塩 ……小さじ1/4
にんにく……1片(10g)	こしょう …少々
サラダ油 ……大さじ1	ローリエ …1枚

A

作り方

❶ じゃがいもは皮つきのまま4つに切り、水にさらして水気をきります。たまねぎは芯をつけたまま4つのくし形に切り、にんにくは薄切りにします。
❷ 肉は4cm角に切り、塩、こしょうをふります。
❸ 大きめのフライパンに油とにんにくを入れて弱火でいため、色づいたらとり出します。
❹ 続いて、肉を入れて焼き色をつけ、じゃがいもとたまねぎを加えて1〜2分いためます。Aを加えてふたをし、弱火で約25分蒸し焼きにします。途中上下を返します。
❺ 最後に大きく混ぜて水分をとばします。盛りつけて、にんにくを散らします。

40分
主菜
弁当
423kcal

ポテトグラタン
生クリームをかけて焼きます

材料（2人分）

じゃがいも…2個(300g)	こしょう…少々
たまねぎ……1/2個(100g)	生クリーム
ベーコン……2枚	………カップ1/4
サラダ油……大さじ1/2	ピザ用チーズ
塩………小さじ1/8	………40g

作り方

❶ じゃがいもは皮をむいて7〜8mm厚さの半月切りにします。鍋に入れ、頭が見えるくらいの水を加えて、5分ほどやわらかくゆでます。ざるにとり、塩、こしょうをふります。

❷ たまねぎは薄切りに、ベーコンは細切りにします。合わせて油でいため、塩、こしょう各少々（材料外）をふります。

❸ 耐熱皿の内側にサラダ油少々（材料外）を塗り、いもを入れ、②をのせます。生クリームを回しかけ、チーズを散らします。

❹ 220℃のオーブンで7〜8分焼きます。

30分 副菜 417kcal

ビシソワーズ
とろ〜り冷たい濃厚スープ

材料（2人分）

じゃがいも…1個(150g)	牛乳…………200ml
たまねぎ……1/4個(50g)	塩・こしょう…各少々
ねぎ…………1/4本(25g)	（飾り）ねぎの
バター………10g	緑の部分…少々
A （水150ml　スープの素小さじ1/4）	

作り方

❶ じゃがいもは皮をむいて薄切りにし、水にさらして水気をきります。たまねぎは薄切りにし、ねぎは小口切りにします。

❷ 鍋にバターを溶かし、たまねぎとねぎ、いもを順に加えて中火でいためます。Aを加え、弱めの中火で10分ほど煮ます。少しさまします。

❸ ②をミキサーにかけます。まわりにくいようなら牛乳を少し加えます。鍋にもどし、牛乳を全部加えて温め、塩、こしょうをふります。ボールなどに移し、よく冷やします。

❹ ねぎの緑色の部分を細かく切って飾ります。

30分 副菜 173kcal

じゃがいもの厚焼きオムレツ
パンのおかずや、ワインの肴にも

材料（2人分）
じゃがいも……1個（150g）
たまねぎ………1/4個（50g）
オリーブ油……大さじ1・1/2
卵………………2個
塩………………小さじ1/6
こしょう………少々
（つけ合わせ）オリーブ（緑と黒）…適量

作り方
1. じゃがいもは皮をむき、2〜3mm厚さのいちょう切りにします（水にさらしません）。
2. たまねぎは1cm角に切ります。
3. フライパンに油大さじ1を熱し、じゃがいもを中火でいため、やわらかくなったら、たまねぎを加えていためます。
4. 卵をほぐして塩、こしょうで調味し、③を混ぜます。
5. フライパンに油大さじ1/2を中火で温め、④を流し入れます。大きく混ぜてから、卵焼きを半分に折ります。弱火にして中まで火を通します。オリーブを添えます。

15分 副菜 弁当 231kcal

ハッシュドブラウンポテト
いものでんぷんを利用してくっつけます

材料（2人分）
じゃがいも……2個（350g）
塩………小さじ1/6
こしょう…少々
サラダ油…大さじ1
バター……15g

＊直径約15cmのフライパン1個分です。

作り方
1. じゃがいもは皮をむいてせん切りにします。水にさらさず、そのままボールに入れ、塩、こしょうを混ぜます。
2. フライパンに油とバターを半量ずつ入れて中火で温め、じゃがいもを入れます。軽く混ぜてから平らにし、上からフライ返しで押さえます。ふたをして弱火で10分ほど焼きます。焼き色がついたら、皿にふせてとり出します。
3. 残りの油とバターをたし、いもをすべらせてもどし、ふたをして6〜7分焼きます。

25分 副菜 弁当 236kcal

じゃがいももちのあんかけ
かたくり粉を混ぜ、もっちりとさせます

材料（2人分）

じゃがいも
　……大1個（200g）
A ┃ かたくり粉…大さじ2
　 ┃ 塩…小さじ1/8
　 ┃ 水…大さじ1
うなぎのかば焼き
　……20g

B ┃ サラダ油…小さじ1
　 ┃ だし…カップ1/2
　 ┃ 塩…小さじ1/8
　 ┃ しょうゆ…少々
　 ┃ かたくり粉…小さじ1
しょうがのすりおろし
　……小1かけ分

＊おやつ用には、バターコーンや野沢菜いためを詰めて焼くだけでもおいしい。

作り方

❶ じゃがいもは皮をむいて3cm大に切ります。やわらかくゆでます。熱いうちにざるで裏ごしして、Aを混ぜ、ねばるまでこねます。

❷ うなぎは2cm角に切ります。①を2等分にして、うなぎを半量ずつ包み、丸めます。

❸ フライパンに油を熱し、②に焼き色をつけます。裏返してふたをし、弱火で4〜5分蒸し焼きにします。器に盛りつけます。

❹ 小鍋にBを合わせ、混ぜながら沸とうさせます。③にかけ、しょうがをのせます。

25分　副菜　158kcal

じゃがいもきんぴら
名脇役のセロリで、味がきまります

材料（2人分）

じゃがいも
　………大1個（200g）
セロリ……1/2本（50g）
赤とうがらし…1/2本
ごま油……大さじ1

A ┃ 砂糖……大さじ1
　 ┃ 酒・しょうゆ
　 ┃ 　……各大さじ1
　 ┃ みりん…大さじ1/2
いりごま（白）…大さじ1

作り方

❶ じゃがいもは皮をむいて細切りにします。水にさらして水気をよくきります。

❷ セロリは筋をとり、斜め薄切りにします。赤とうがらしは種をとり、3〜4つに切ります。

❸ フライパンにごま油を熱し、赤とうがらしをさっといため、いも、セロリを加えていためます。油がなじんだらAを加えて汁気がなくなるまでいため、最後にごまを混ぜます。

15分　副菜　弁当　182kcal

30分
副菜
弁当
266kcal

ポテトサラダ
熱いうちに下味をつけるのがコツです

材料（2人分）

じゃがいも
　　……小2個(250g)
A ｜ 塩……少々
　 ｜ 酢……小さじ1/2
にんじん…30g

たまねぎ…20g
きゅうり…1/2本(50g)
ハム………2枚
マヨネーズ…大さじ3
練りがらし…小さじ1/3

作り方

① じゃがいもは皮をむいて4つ割りにし、にんじんは縦半分に切ります。一緒に鍋に入れ、かぶるくらいの水を加えてゆでます。
② 5分ほどゆで、にんじんをとり出します。さらに5分ほどいもをゆで、やわらかくします。湯を捨てて火にかけ、水分をとばします。
③ じゃがいもは熱いうちにつぶして、Aを混ぜます。にんじんはいちょう切りにします。
④ たまねぎは薄切りに、きゅうりは小口切りにし、それぞれ塩少々（材料外）をふってもみ、水気をしぼります。ハムは細切りにします。
⑤ マヨネーズにからしを混ぜ、全部をあえます。

15分
副菜
弁当
258kcal

豆入りポテトサラダ
パンによく合う、さっぱりサラダ

材料（2人分）

じゃがいも…小2個(250g)
ミックスビーンズ…1袋(50g)
ウィンナーソーセージ（あらびき）
　　………3本
イタリアンパセリ…少々

ドレッシング
酢………大さじ1
塩………小さじ1/6
こしょう…少々
サラダ油…大さじ1

作り方

① じゃがいもは皮をむいて約2cm角に切ります。鍋に入れ、頭が見えるくらいの水を加えて、やわらかくなるまで7〜8分ゆでます。湯を捨てて水気をとばします。（電子レンジなら、ラップをして500Wで4〜5分加熱）
② ドレッシングの材料を合わせ、半量で、いもを熱いうちにあえます。
③ ソーセージは湯で約1分ゆで、2cm長さに切ります。ビーンズと一緒に残りのドレッシングであえ、②とパセリを合わせます。

新じゃがの揚げ煮
皮つきで丸ごと。揚げ煮でコクが出ます

材料（2人分）
- 新じゃがいも……12個（300g）
- 揚げ油……………適量
- いりごま（白）……小さじ1/2
- だし……………カップ1
- 砂糖……………小さじ1
- みりん…………小さじ1
- しょうゆ………大さじ1

作り方
1. 新じゃがいもはよく洗って皮の汚れを落とし、水気をふきとります。
2. 揚げ油を中温（170℃）に熱し、いもを4分くらいじっくり揚げます。
3. 鍋に、だしと調味料を合わせます。いもを入れ、強火にかけます。沸とうしたら弱火にし、落としぶたと鍋のふたをし、汁気がなくなるまで10分ほど煮ます。
4. ごまを指でひねってかけます。

25分
副菜 弁当
238kcal

新じゃがのハーブバター煮
春のハーブの香りをアクセントにして

材料（2人分）
- 新じゃがいも……12個（300g）
- バター……………15g
- 塩…………………小さじ1/4
- ローズマリー……1枝

＊タイム、オレガノでも。

作り方
1. 新じゃがいもはよく洗って、皮の汚れを落とします。皮つきのまま半分に切ります。
2. 鍋にいもと、かぶるくらいの水を入れ、バター、塩、ローズマリーの葉を加え、ふたをして強火にかけます。沸とうしたら弱火にして、やわらかくなるまで15分ほど煮ます。最後に強火にして、汁気をとばします。

25分
副菜 弁当
159kcal

しゅんぎく
shungiku

- 🟢 **旬** 冬～春
- 🟢 **選び方**
  葉茎に張りがあって葉が密生し、みずみずしいもの。茎が細いほうがやわらかい。
- 🟢 **栄養**
  カロテンが豊富。ビタミンC・Eも多い。
- 🟢 **保存**（→p.188）
  ポリ袋に入れ、密閉せずに口を折って、野菜室に。なるべく立てて保存。ゆでて冷凍できる。
- 🟢 **調理のヒント**
  ・太い茎は火の通りが悪いので、2～4つに切りこみを入れてからゆでるとよい。

・葉は生で食べられる。

⬆ しゅんぎくのかき揚げ
天ぷらにするとしゅんぎく独特の青くささがうま味に変身

25分 / 副菜 / 230kcal

材料（2人分）
しゅんぎく	1/4束（50g）
にんじん	20g
たまねぎ	30g
さつまいも	30g
小麦粉	大さじ1
衣 ┌ 卵1/2個＋冷たい水	合わせて50ml
└ 小麦粉	大さじ4
揚げ油	適量
だいこんおろし	適量

作り方
1. しゅんぎくは葉をつみ、茎は3cm長さの斜め薄切りにします。水気をよくとります。
2. にんじんは3cm長さの細切りに、たまねぎは薄切りにします。さつまいもは1.5cm角に切り、皿に並べてラップをし、電子レンジ（500W）で2～3分加熱します。
3. ①②を合わせ、小麦粉大さじ1をまぶします。
4. 卵液に小麦粉大さじ4を軽く混ぜて衣を作ります。③をざっと混ぜて、6つに分けます。
5. 揚げ油を中温（170℃）に熱して揚げます。だいこんおろしを添えます。

🟢 **100gはこのくらい**

しゅんぎくのサラダ
葉だけを使い、ほろにがい味を楽しみます

材料（2人分）

しゅんぎく…1/4束（50g）	
ねぎ………1/4本	
海藻サラダ…5g	
いりごま(白)…小さじ1	

A
- 砂糖……小さじ1
- 酢………大さじ1
- しょうゆ…大さじ1/2
- ごま油……小さじ1

作り方

1. 海藻サラダは水でもどし、水気をきります。
2. しゅんぎくは葉をつみます（茎は使いません。みそ汁などに）。冷水に放してシャキッとさせ、水気をきります。ねぎは4cm長さに切って芯をとり、細切りにします。
3. Aのドレッシングの材料を合わせます。
4. ①②を盛り合わせ、ごまをふって、ドレッシングをかけます。

15分　副菜　41kcal

しゅんぎくの白あえ
しゅんぎくと相性のよい味です

材料（2人分）

- しゅんぎく…3/4束（150g）
- 柿*………1/4個（50g）
- もめんどうふ
　………1/2丁（150g）

A
- 練りごま…大さじ1
- 砂糖……大さじ1
- しょうゆ…少々
- 塩………小さじ1/8

＊柿のほか、きのこを酒でいり煮したものも合います。

作り方

1. しゅんぎくは熱湯でゆで、水にとって水気をしぼります。しょうゆ小さじ1/2（材料外）をかけて再度しぼります。3～4cm長さに切り、太い茎は2つ割りにします。
2. 柿は皮をむき、拍子木切りにします。
3. とうふはあらくほぐして皿に広げ、電子レンジ（500W・ラップなし）で約30秒加熱します。ざるにとって水気をきります。
4. とうふにAを加えて混ぜます（あれば、すり鉢ですり混ぜるとなめらかになる）。しゅんぎくと柿をあえます。

15分　副菜　153kcal

ズッキーニ
zucchini

▶ **旬** 夏
かぼちゃの仲間。熟してから収穫するかぼちゃに対し、ズッキーニは未熟で収穫。皮色が黄色のものもある。

▶ **選び方**
皮に張りがあり、色ムラがない。

▶ **栄養**
カロテン、ビタミンC、カリウムを含む。

▶ **保存**（→p.188）
高温を好み、丸ごとなら冷暗所で。使いかけはラップで包み、野菜室で。冷凍には向かない。

▶ **よく使う料理**
淡泊な味でいろいろな料理に使える。ソテーや煮こみなどの加熱調理のほか、生で塩もみにしても。

25分
主菜
262kcal

↑ ズッキーニのから揚げ
ズッキーニは、なすに似て油との相性がよい野菜

材料（2人分）
ズッキーニ ……… 1本（150g）
　塩 ……………… 少々
豚ロース肉（薄切り）… 80g
かたくり粉 ……… 大さじ2
サラダ油 ………… 適量
ミニトマト ……… 2個

A｜赤とうがらし … 1/2本
　｜砂糖 ………… 大さじ1/2
　｜酢 …………… 大さじ2
　｜しょうゆ …… 大さじ1/2
　｜ごま油 ……… 小さじ1

作り方
❶ ズッキーニは約4cm長さに切って縦半分に切り、塩をふって1～2分おきます。
❷ 豚肉は5～6cm長さに切ります。
❸ ズッキーニと豚肉に、それぞれかたくり粉をまぶします。
❹ フライパンに、底がかくれるくらいの油を入れて熱します。ズッキーニを入れ、表裏を1～2分ずつ、揚げるように焼きます。ペーパータオルにとります。豚肉も同様に焼きます。続いてミニトマトを入れてさっと焼きます。
❺ 赤とうがらしは種をとって小口切りにし、Aを合わせます。④を器に盛り合わせ、Aをかけます。

▶ **100gはこのくらい**

15分
副菜
弁当
97kcal

ズッキーニのフライパン焼き
よくつけ合わせにしますが、サラダ仕立てで

材料（2人分）
- ズッキーニ …………1本（150g）
-   塩……………………小さじ1/3
- オリーブ油 …………小さじ1
- こしょう ……………少々
- レモン………………1/6個
- ベビーリーフ ………1袋
- A ┌ レモン汁………大さじ1/2
-   │ オリーブ油……大さじ1
-   └ 塩………………小さじ1/6

作り方
1. ズッキーニは1cm厚さの斜め切りにします。塩をふって2分ほどおきます。
2. フライパンに油を熱してズッキーニを並べ入れ、2〜3分ずつ両面を焼きます。こしょうをふります。
3. Aでベビーリーフをあえて、盛りつけ、②をのせます。レモンをしぼって食べます。

10分
副菜
弁当
59kcal

ズッキーニのナムル
歯ごたえは、きゅうりとなすの中間くらい

材料（2人分）
- ズッキーニ …………1本（150g）
-   塩……………………小さじ1/4
- A ┌ ねぎ……………5cm
-   │ すりごま（白）…小さじ2
-   │ しょうゆ ………小さじ1
-   └ ごま油…………小さじ2

作り方
1. ズッキーニは薄切りにして塩をふり、5分ほどおいて水気をしぼります。
2. ねぎはみじん切りにします。Aを合わせてズッキーニをあえます。

せり
Japanese parsley

▶ **旬** 冬

▶ **選び方**
張りがあってシャッキリしている。茎が細いほうがやわらかい。

▶ **栄養**
カロテン、ビタミンC、鉄分が多い。独特の香り成分にも抗酸化力がある。

▶ **保存**（→p.188）
根つきなら根に少し水をかけ、ポリ袋に入れて野菜室に。筋っぽくなるので、ゆでても冷凍には向かない。

▶ **調理のヒント**
・茎と葉ではかたさが異なるため、鍋ものなどに使うときは、茎を先に入れて、加熱時間に差をつける。薬味に使う場合、葉は生できざみ、茎はさっとゆでる。
・アクが気になる場合は軽く下ゆでしてから調理。

25分
主 菜
476kcal

↑ せりのひっつみ汁
小麦粉生地入りの具だくさん。せりは煮えばなを

材 料（2人分）
せり‥‥‥‥‥2束(200g)
ねぎ‥‥‥‥‥1本(100g)
とりもも肉‥‥200g
ひっつみ*
　小麦粉‥‥100g
　水‥‥‥‥60ml

汁
　だし‥‥‥‥カップ3・1/2
　酒‥‥‥‥‥カップ1/4
　みりん‥‥‥大さじ1・1/2
　しょうゆ‥‥大さじ1・1/2
　塩‥‥‥‥‥小さじ1/3

＊小麦粉を水でといた生地を「ひきちぎる」意味の東北の郷土料理。

作り方
① せりは4～5cm長さ、ねぎは長めの薄切りにします。
② とり肉はひと口大に切ります。
③ ボールに小麦粉を入れ、分量の水を少しずつ入れて混ぜ、耳たぶよりやわらかめの状態にまとめます。
④ 鍋に汁の材料を入れて火にかけます。沸とうしたら肉を入れ、再び沸とうしたらアクをとります。③を手でひと口大にちぎりながら加え、透明感が出てきたら、野菜を加えます。

▶ **100gはこのくらい**

せりとかきのごま油いため
かきのうま味がきいたスピード料理

材料（2人分）
- せり……………1束(100g)
- かき(加熱用)…100g
- 小麦粉…………大さじ1/2
- ごま油…………大さじ1
- 酒………………小さじ1
- 塩………………小さじ1/6
- こしょう ………少々
- (飾り)糸とうがらし……少々

作り方
1. せりは4cm長さに切ります。
2. かきは塩水（水カップ1に塩小さじ1の割合・材料外）の中で手でもみ洗いし、水ですすいで水気をふきます。小麦粉をまぶします。
3. フライパンに油を熱し、かきを強火で焼きます。表裏を焼いたら、せりを加えて手早くいため、酒、塩、こしょうをふります。あれば糸とうがらしをのせます。

10分　副菜　106kcal

せりのくるみあえ
メリハリのある甘酢の味が印象的

材料（2人分）
- せり……………1束(100g)
- くるみ…………15g
- A ┌ みそ………大さじ1/2
　　├ 砂糖………大さじ1/2
　　└ 酢…………大さじ1

作り方
1. せりは熱湯でさっとゆで、水にとって水気をしぼり、3cm長さに切ります。
2. くるみは熱湯につけて2分ほどおき、少しやわらかくします。水気をきって細かくきざみます。
3. くるみとAを混ぜ、食べる直前に、せりをあえます。

10分　副菜　74kcal

85

セロリ
celery

- 🟢 **旬** 冬〜初夏
- 🟢 **選び方**
  茎が太くて張りがあり、筋がはっきりしている。葉が新鮮。茎の切り口がスカスカしていないもの。
- 🟢 **栄養**
  カリウムが多い。香り成分に抗酸化力がある。
- 🟢 **保存**（→p.188）
  葉がついている小枝部分と太い茎とに切り分け、ポリ袋に入れてなるべく立てて野菜室に。葉は生で小枝ごときざみ、小分けして冷凍も。
- 🟢 **調理のヒント**
  ・茎の筋は、かたいところを包丁や皮むき器でとる。

・葉や小枝は、いためものやスープの具のほか、肉のくさみ消しや料理の風味づけにも使える。

- 🟢 **100gはこのくらい**

⏱ 15分
主菜 / 弁当
125kcal

⬆ セロリと牛肉のオイスターソースいため
いためると、セロリのほろにがい味がまるくなって食べやすい

材料（2人分）
- セロリ……………3本（300g）
- 牛もも肉（薄切り）…100g
- ごま油……………大さじ1/2
- A ┌ オイスターソース…大さじ1/2
　　├ 酒・水………各大さじ1
　　└ かたくり粉……小さじ1/2

作り方
1. セロリは筋をとり、約5cm長さ、3mm幅の斜め切りにします。
2. 牛肉は3〜4cm長さに切ります。Aは合わせます。
3. 大きめのフライパンに油を熱し、中火で牛肉をいためます。色が変わったら火を強め、セロリを加えて1〜2分いためます。Aを混ぜながら入れて全体にからめます。

➡ セロリの葉のおかかあえ
葉で作るごはんの友

材料（2人分）
- セロリの葉（小枝も）…2本分（100g）
- ごま油……………小さじ1
- A ┌ けずりかつお……2g
　　└ 白いりごま………大さじ1/2
- B しょうゆ・酒……各小さじ1

⏱ 10分
副菜 / 弁当
47kcal

作り方
1. セロリの葉は熱湯でさっとゆで、水にとります。水気をよくしぼって細かく切ります。
2. 鍋にAを入れ、中火で1〜2分いって、とり出します。
3. 鍋に油を中火で熱して①をいためます。Bを加え、汁気がなくなったら②を混ぜます。

10分
副菜
弁当
139kcal

セロリとたこのマリネ
野菜の歯ざわりを生かします

材料（2人分）
セロリ …………………… 70g
たまねぎ ………………… 1/4個（50g）
レモン …………………… 1/2個
ゆでだこ ………………… 80g
マリネ液 ┌ レモン汁 … 大さじ1/2
　　　　├ 酢 ………… 大さじ1/2
　　　　├ サラダ油 … 大さじ1・1/2
　　　　└ 塩・こしょう … 各少々

作り方
① セロリは筋をとって斜めの薄切りにします。たまねぎは薄切りにして水にさらし、水気をきります。
② レモンは薄切りを2枚とって放射状に6等分し、残りで汁大さじ1/2をとります。たこは薄切りにします。
③ ボールにマリネ液を合わせて、全部を混ぜ、冷蔵庫で冷やします。

15分
副菜
弁当
89kcal

セロリとささみのサラダ
セロリを塩でもんで食べやすく

材料（2人分）
セロリ ……… 大1本（150g）
　塩 ………… 小さじ1/8
とりささみ … 1本（50g）
A ┌ 塩 ………… 少々
　└ 酒・水 … 各小さじ1
B ┌ マヨネーズ
　│　………… 大さじ1
　├ 酢 ………… 小さじ1
　└ 粒マスタード
　　　………… 小さじ1

作り方
① セロリは筋をとって4～5cm長さの薄切りにします。塩小さじ1/8をふって2～3分おき、軽く水気をしぼります。
② ささみは厚い部分に切りこみを入れ、Aをふってラップをし、電子レンジで1分30秒～2分加熱（500W）して火を通します。細かくさきます。
③ Bを合わせ、①②をあえます。セロリの葉を飾ります。

25分
副菜
弁当
58kcal

そら豆
broad beans

▶ **旬** 春〜初夏
空に向かって実るのでそら豆といわれる。

▶ **選び方**
さやつきのほうが鮮度を保つ。さやの緑色が濃く、ふっくらしている。むき豆は、爪の色がうすいほどやわらかくておいしい。

▶ **栄養**
たんぱく質、ビタミンB₁・B₂、鉄分、食物繊維を含む。

▶ **保存**（→p.188）
さやつきのままポリ袋に入れて野菜室に。早めに使う。むき豆はなるべく早くゆでる。ゆでた豆は冷凍できる。

▶ **調理のヒント**
・豆の上下どちらかに5mmほど切りこみを入れてからゆでると、味がしみこみやすい。切りこみの代わりに、爪部分をはがしとっても（特に黒い爪はかたい）。
・塩ゆで→豆150gの場合、カップ3の沸とうした湯に塩小さじ1強を加え、3〜4分ゆでて、ざるにとる。

▶ **200gはこのくらい**
　（皮つき正味約60g）

↑ そら豆の甘から煮
若い豆なら皮も一緒に食べられます

【材料】（2人分）
そら豆（さやつき）
　………350g
　（皮つき正味100g）
砂糖………大さじ1
塩…………少々
しょうゆ …小さじ1

【作り方】
❶ そら豆はさやから出し、包丁で1か所切りこみを入れます。
❷ 鍋の豆に、かくれるくらいの水と、砂糖を加え、ふたをして弱めの中火にかけ、5分くらい煮ます。
❸ 塩としょうゆを加えて煮汁が少なくなるまで5分ほど煮ます。

→ ガーリックそら豆
ビールのつまみにおすすめ

25分
副菜
弁当
78kcal

【材料】（2人分）
そら豆（さやつき）
　………350g
　（皮つき正味100g）
バター……10g
にんにく（すりおろす）
　………小さじ1/4
塩…………小さじ1/4
こしょう …少々

【作り方】
❶ そら豆はさやから出し、熱湯で4〜5分、やわらかくゆでます（冷凍のものは表示にしたがってゆでます）。
❷ フライパンにバターを溶かし、中火でそら豆を1〜2分いためます。にんにく、塩、こしょうで味をととのえます。

そら豆とえびのいため煮
彩りも春らしい、透明あんのおかず

材料 （2人分）
そら豆（さやつき）
　…500g（皮つき正味150g）
むきえび
　……12～15尾（100g）
A ┃ 塩……小さじ1/8
　┃ 酒……小さじ1
　┃ かたくり粉
　┃ 　……小さじ1/2
干ししいたけ…2個
しょうが …小1かけ（5g）

B ┃ 水……カップ1/4
　┃ 干ししいたけの
　┃ もどし汁
　┃ 　…大さじ2
　┃ 酒……大さじ1/2
　┃ 中華スープの素
　┃ 　……小さじ1/2
　┃ （かたくり粉小さじ1/2
　┃ 水小さじ1）
サラダ油…大さじ1/2

30分
主菜
弁当
150kcal

作り方
1. そら豆はさやからとり出し、熱湯で2～3分ゆでて皮をむきます。干ししいたけは水でもどし、4つずつのそぎ切りにし、もどし汁は残します。
2. えびは背わたをとり、Aをもみこみます。しょうがはあらみじんに切ります。
3. Bは合わせます。
4. 大きめのフライパンに油を入れ、弱火で、しょうが、えびを順に加えていためます。えびの色が変わったらとり出します。
5. 中火にし、そら豆としいたけをいためてBを加え、1～2分煮てから④をもどし、水どきかたくり粉でとろみをつけます。

そら豆のチーズ焼き
おつまみにも、お弁当にも

作り方
1. 熱湯約カップ2に塩小さじ1/2（材料外）を加え、そら豆を4～5分ゆでて皮をむきます。飾り用をいくつか残して、ほかはマッシャーなどであらくつぶします。
2. サラミを薄いいちょう切りにして①に加え、牛乳、半量のチーズを混ぜます。耐熱容器などに入れ、飾りのそら豆と残りのチーズをのせます。
3. 220℃のオーブンか、オーブントースターで焼き色がつくまで約6分焼きます。

25分
副菜
弁当
198kcal

材料 （2人分）
そら豆（さやなし皮つき）
　……100g
サラミソーセージ…30g
ピザ用チーズ…40g
牛乳………大さじ1

＊耐熱容器やアルミケースで作ります。写真の小さいアルミケースなら6個分。

タアサイ
taahtsai

チンゲンサイ
chingensai

15分
副菜
52kcal

↑ タアサイのにんにくいため
タアサイやチンゲンサイはアクが少ないので、下ゆでなしでも

材料（2人分）
- タアサイ* ……1束（200g）
- にんにく ……1片（10g）
- ねぎ ………5cm
- サラダ油 ……大さじ1/2
- A ┌ 酒 ………大さじ1/2
    │ 塩 ………小さじ1/4
    └ 砂糖 ……少々

＊チンゲンサイでも作れます。

作り方
1. タアサイは葉と茎に切り分けます。大きなものは4〜5cm長さに切ります。
2. にんにくはみじん切り、ねぎはあらみじんに切ります。
3. フライパンに油を熱し、タアサイの茎と②を中火で軽くいためます。強火にし、タアサイの葉を加えて手早くいため、Aを混ぜます。

▶ 旬
タアサイは冬。チンゲンサイは秋。タアサイは冬は座布団状に葉を横に広げ、夏場は葉が立っている。

▶ 選び方
葉が厚く、色が濃くみずみずしい。タアサイは葉がつややかなもの。

▶ 栄養
どちらもカロテンやビタミンCが豊富。

▶ 保存（→p.188）
ポリ袋に入れてなるべく立てて野菜室に。ゆでて冷蔵・冷凍も。

▶ よく使う料理
両方ともアクやクセが少ない。中国野菜のため、中華系のいためものやスープによく合うが、和風のあえものや煮ものにも使える。

▶ 100gはこのくらい

た

チンゲンサイといかの塩いため
いかのうま味のさっぱりいため

材料（2人分）
- チンゲンサイ* ……2株(240g)
- いか……小1ぱい(200g)
- しょうが …1かけ(10g)
- サラダ油…大さじ1
- ＊タアサイでも作れます。

A
- 水………カップ1/2
- 中華スープの素 ……小さじ1/2
- 酒………大さじ1
- 塩………小さじ1/3
- かたくり粉 ……小さじ2

作り方
1. チンゲンサイは縦6～8つ割りにして、5cm長さに切り、茎と葉に分けます。
2. いかは足とわたを抜きます。皮つきのまま、胴は1.5cm幅の輪切りに、足は3cm長さに切ります。しょうがは薄切りにします。
3. Aは合わせます。大きめのフライパンに油を熱し、弱火でしょうがを軽くいため、強火にして、チンゲンサイの茎、葉、いかの順に加えていためます。
4. Aを混ぜてから③に加え、1分ほど煮てとろみがついたら火を止めます。

20分 主菜 弁当 153kcal

チンゲンサイのかき油かけ
いためてからゆでると色つやがよい

材料（2人分）
- チンゲンサイ* ……小2株(200g)
- サラダ油…大さじ1/2
- 塩………小さじ1
- ＊タアサイでも作れます。

A
- オイスターソース ……大さじ1/2
- しょうゆ…小さじ1/2
- ねぎ（白い部分） ……5cm
- 糸とうがらし…少々

作り方
1. チンゲンサイは縦4～6つ割りにし、葉と茎に切り分けます。ねぎは5cm長さのせん切りにし、水にさらして水気をきります。
2. フライパンに油を熱し、塩を入れ、茎をさっといためます。熱湯約カップ1を加えます。葉をまとめて加え、ひと煮立ちしたら、ざるにとって水気をきります。
3. Aを合わせます。②を器に盛ってAをかけ、ねぎと糸とうがらしを飾ります。

15分 副菜 弁当 46kcal

70分
主菜
弁当
342kcal

だいこん
daikon radish

▶ 旬　秋〜冬
▶ 選び方
太くて重いものがよい。皮に張りがあるものが新鮮。

▶ 栄養
アミラーゼ（ジアスターゼ）が消化を助ける。辛味にはがん予防に役立つ成分を含む。葉はカロテン、ビタミンCなどが多いので捨てずに使いたい。

▶ 保存（→p.188）
葉がついたままだと水分が失われるので、葉と根は切り分ける。ポリ袋に入れて野菜室で。葉はゆでて冷凍できるが、根は冷凍には向かない。

▶ 調理のヒント
・米のとぎ汁でゆでると、味がまろやかに（→p.94）。
・葉のつけ根から先端へ向け、甘味〜辛味へと味が変わり、特に先端は辛い。生食の場合は味を考えて部位を選ぶ。

▶ 100gはこのくらい

だいこんとスペアリブの煮こみ
鍋に入れてしまえば煮るだけ。手間なしです

材料（4*人分）

だいこん………600g	水…………カップ1・1/2
豚スペアリブ（5〜6cm長さ）	酒…………カップ1/4
………6本（400g） A	砂糖・みりん…各大さじ1
さやいんげん…5本（40g）	しょうゆ………大さじ2
八角**…………3片	スープの素……小さじ1/2

＊長時間煮て作るので4人分量にしています。煮返して翌日も食べられます。
＊＊中華材料の八角は、独特な香りが味のアクセントに。星の形をしていて、1〜2片を折って使います。香りがにが手なら、入れなくてもかまいません。

作り方

❶ スペアリブは、沸とうした湯に入れ、すぐにざるにとります。

❷ だいこんは2cm厚さの輪切りにし、皮を厚めにむきます。

❸ 大きな鍋に①②を入れ、Aと八角を加えて強火にかけます。沸とうしたらアクをとり、弱火にして、鍋のふたをずらしてのせます。途中上下を返し、約1時間煮ます。煮汁がほとんどなくなったら火を止めます。

❹ さやいんげんをゆでて斜め半分に切ります。③を盛りつけて、いんげんを添えます。

ぶりだいこん
だいこんを下ゆでしておく作り方で

材料 （4人分）
- だいこん…400g
- ぶり…3切れ(300g)
- しょうが…大1かけ(15g)
- A｛水…カップ2 / こんぶ…10cm
- B｛酒…カップ1/4 / 砂糖…大さじ1
- C｛しょうゆ…大さじ2・1/2 / みりん…大さじ2

＊たくさんで煮たほうがおいしく、煮返して翌日も食べられるので4人分量です。

作り方
1. ぶりは5cmくらいの大きさに切ります。沸とうした湯に入れてすぐにざるにとります。
2. だいこんは2cm厚さの半月切りにし、皮をむきます。しょうがは薄切りにします。
3. 大きめの鍋にAを合わせておき、こんぶがやわらかくなったらひと口大に切って、鍋にもどします。①②とBを加えて火にかけます。
4. 沸とうしたらアクをとり、落としぶたをして鍋のふたをずらしてのせます。弱火で20分ほど煮てから、Cを加えて15〜20分煮ます。
5. 煮汁が少し残るくらいで火を止めます。

60分 / 主菜 弁当 / 247kcal

だいこんのほたてあん
忙しい日のおかずにおすすめ

材料 （2人分）
- だいこん…300g
- ほたて缶詰…小1缶(45g)
- ねぎの緑の部分…5cm
- サラダ油…大さじ1
- (かたくり粉小さじ1　水小さじ2)
- A｛水…カップ1/2 / 中華スープの素…小さじ1/2 / 酒…大さじ1 / 塩…小さじ1/6

作り方
1. だいこんは皮をむき、4cm長さ2cm角の拍子木切りにします。ねぎはせん切りにします。
2. 大きめのフライパンに油を熱し、だいこんをいためます。油がまわったら、ほたてを缶汁ごと加えてさっといため、Aを加えます。弱めの中火で5分ほど煮ます。
3. だいこんがやわらかくなったら、水どきかたくり粉を加えてとろみをつけます。ねぎを加えて火を止めます。

20分 / 副菜 / 116kcal

プロセス PROCESS

a

面とりすると角が煮くずれしにくく、見栄えもよくなります。また、切りこみで味が含みやすくなります。

b

米のとぎ汁でゆでると、でんぷんがだいこんのにが味を吸着して、まろやかな味になります。

c

落としぶたをすると、汁の中で動いて形が煮くずれるのを防げます。鍋のふたもします。

d

だいこんの脇から竹串を刺して、スッと通ればゆであがりです。

60分
副菜
79kcal

↑ ふろふきだいこん
見えない手間がありますが美味です

材料 (4*人分)
だいこん………16cm(640g)
米のとぎ汁**…カップ5
こんぶ…………10cm
ゆずの皮のせん切り…少々

A ┌ みそ………大さじ3
　├ 砂糖………大さじ1・1/2
　├ みりん……大さじ2
　└ だし………大さじ2
ゆずみそ
ゆずの皮のすりおろし…少々

＊せっかく長くゆでて作るので4人分量です。
＊＊米のとぎ汁がない場合は、米粒大さじ1〜2を水に加えても。

作り方
① だいこんは4つに切って皮をむき、面とりをします。裏になる面に、1cm深さの十文字の切り目を入れます。(a)
② 鍋に米のとぎ汁とだいこんを入れ(b)、落としぶただけをして、10〜15分下ゆでします。さっと水で洗います。
③ 鍋にこんぶを入れ、だいこんを並べてかぶるくらいの水を入れ、火にかけます。落としぶたと(c)鍋のふたをし、沸とうしたら弱火にして30〜40分、やわらかくゆでます(d)。
④ 小鍋にAを入れ、弱火で1〜2分練り混ぜます。あら熱がとれたら、ゆずの皮のすりおろしを混ぜます。
⑤ 器にだいこんを盛り、ゆずみそをかけ、ゆずの皮のせん切りをのせます。

副菜
弁当
180kcal
20分

だいこんと厚揚げのいため煮
ボリュームのあるかんたんおそうざい

材料（2人分）
だいこん	200g
にんじん	50g
しいたけ	2個
厚揚げ(生揚げ)	小1枚(100g)
だいこんの葉	少々

A｛
だし	カップ1/4
酒	大さじ1
しょうゆ	大さじ1
みりん	大さじ1/2
サラダ油	大さじ1

作り方
❶ だいこんは皮をむき、5×2cmの薄切りにします。にんじんは少し小さめのたんざく切りにします。しいたけは軸をとり、半分のそぎ切りにします。
❷ 厚揚げは熱湯をかけて油抜きします。縦半分に切って5mm幅に切ります。
❸ 大きめのフライパンに油を熱し、だいこんをいためます。しんなりしたら、厚揚げ、にんじん、しいたけを加えていためます。
❹ Aを加えて弱めの中火で煮、汁気がなくなってきたら、だいこんの葉を加えます。

主菜
248kcal
25分

白身魚のおろし煮
揚げ焼きした魚を、おろしでさっぱりまろやかに

材料（2人分）
生たら	2切れ(200g)
塩	小さじ1/6
小麦粉	大さじ1
だいこん	150g
サラダ油	大さじ2

A｛
だし	カップ1/2
酒	大さじ1
しょうゆ	大さじ1
みりん	大さじ1
ゆずの皮	少々

作り方
❶ たらは半分ずつに切り、塩をふって10分ほどおきます。
❷ だいこんはすりおろし、ざるにとって自然に水気をきります。
❸ たらの水気をふいて小麦粉をまぶします。フライパンに油を熱し、たらの両面を焼きます（少なめの油で揚げるようなかんじです）。
❹ 鍋にAを入れて強火にかけます。煮立ったら、たらを入れて2〜3分煮、だいこんおろしを加え、再び煮立ったら火を止めます。
❺ 盛りつけて、ゆずの皮を散らします。

紅白なます
お正月の定番酢のもの

材料（4人分）
- だいこん…300g
  - 塩………小さじ1/4
- にんじん…4cm（30g）
  - 塩………小さじ1/8
- A
  - 砂糖…大さじ1
  - 酢……大さじ2・1/2
  - みりん…大さじ1/2
  - 塩……少々
- （飾り）薄焼き卵・ゆずの皮など…少々

作り方
1. だいこんは皮をむき、4cm長さのせん切りにします。にんじんも同様にします。それぞれ塩をふって軽く混ぜ、10分ほどおきます。しんなりしたら、水気をしぼります。
2. ボールにAを合わせます。①をあえます。
3. 器に盛りつけます。飾りをのせても。

＊作りおいて味がなじんでもおいしい。冷蔵保存で2〜3日。

20分 / 副菜 / 弁当 / 22kcal

だいこんの韓国風香味漬け
香味が効いています。焼き肉の箸やすめに

材料（2人分）
- だいこん…200g
  - 塩………小さじ1/2
- せり………1/2束（60g）
- りんご……1/4個（50g）
- つけ汁
  - しょうが…小1かけ（5g）
  - にんにく…小1/2片（3g）
  - 酢…………大さじ1
  - しょうゆ・ごま油…各大さじ1/2
  - 糸とうがらし…1g

作り方
1. だいこんは皮をむき、5mm厚さのいちょう切りにします。塩をふって15分ほどおきます。
2. しょうがはせん切りに、にんにくはみじん切りにします。つけ汁の材料を合わせます。
3. りんごは皮つきのままだいこんと同様に切ります。せりは3cm長さに切ります。
4. だいこんの水気をきって、つけ汁に入れます。③も加えます。時々混ぜながら、1時間ほどおいて味をなじませます。

80分 / 副菜 / 62kcal

96

だいこんのパリパリサラダ
かさが多くてもすぐ食べてしまいます

材料（2人分）
だいこん…………200g
スプラウト*……1パック（50g）
ちりめんじゃこ…20g
ドレッシング ┌ 酢………大さじ1
　　　　　　│ しょうゆ…大さじ1
　　　　　　│ 砂糖………小さじ1
　　　　　　└ ごま油……小さじ1

＊スプラウトの種類はお好みで。写真は紫キャベツスプラウト。かいわれだいこんでも。

作り方
① だいこんは皮をむき、5cm長さのせん切りにします。スプラウトと一緒に冷水に放してパリッとさせます。水気をきります。
② じゃこは熱湯にさっと通して、ざるにとります。
③ ドレッシングの材料を合わせます。
④ ①を盛りつけ、じゃこをのせます。ドレッシングを添えます。

20分　副菜　80kcal

だいこんとツナのサラダ
塩もみで、ソースがなじみ水気も出ません

材料（2人分）
だいこん………………200g
　塩…………………小さじ1/8
ツナ缶詰………………小1缶（65g）
ラディッシュ …………2個
ソース ┌ マヨネーズ…大さじ1・1/2
　　　 │ レモン汁……大さじ1/2
　　　 └ 塩・こしょう…各少々

作り方
① だいこんは皮をむき、4cm長さ5mm幅のたんざく切りにします。塩をふって10分ほどおき、しんなりしたら水気をしぼります。
② ツナは缶汁をきり、あらくほぐします。ボールにソースを合わせ、だいこんとツナをあえます。
③ ラディッシュは薄い輪切りにします。器に敷き、②を盛りつけます。

20分　副菜　170kcal

だいこんの割り漬け
ポリ袋で漬けられます

材料（2人分）
だいこん……………300g
つけ汁
- 砂糖………大さじ2
- 酢…………大さじ1
- 塩…………小さじ1
- こんぶ……2cm
- 赤とうがらし…1本

作り方
① だいこんは長さを半分に切り、皮をむき、縦4つ割りにします。
② 赤とうがらしは斜め半分に切って種をとります。
③ 厚手のポリ袋に、つけ汁の材料を合わせます。だいこんを入れ、空気を抜いて口をとじます。室温におきます（水気が出てきます）。2時間くらいで食べられ、そのあとは冷蔵庫に移し、2日ほどもちます。
④ 食べやすく切って盛りつけます。

130分 / 副菜 / 弁当 / 48kcal

だいこんのしょうゆ漬け
大ぶりに切って、歯ごたえよく

材料（2人分）
だいこん………400g
　塩……………小さじ1
こんぶ…………2cm角
ゆず……………1/4個分
しょうが………小1かけ（5g）
A
- しょうゆ…大さじ2
- 砂糖（またははちみつ）……大さじ1/2

作り方
① だいこんは皮つきのまま6〜7cm長さの乱切りにします。ボールに入れて塩をまぶし、皿3枚ほどの重しをして約40分おきます。
② こんぶははさみで細切りにします。ゆずは薄いいちょう切りに、しょうがは薄切りにします。
③ 別のボールにAを合わせます。だいこんの水気をきってAに入れ、②も混ぜます。1時間ほどおいて味をなじませます。

120分 / 副菜 / 弁当 / 52kcal

だいこんの葉のさっといため
葉がついていたらぜひお試しを

材料（2人分）
だいこんの葉…200g
油揚げ………1枚(25g)
A [しょうゆ …大さじ1
　　みりん……大さじ1
　　酒…………大さじ1]
サラダ油………大さじ1/2

作り方
① だいこんの葉は熱湯で1〜2分ゆでて、水にとり、水気をしぼります。細かく切ります。
② 油揚げは熱湯をかけて油抜きし、細かく切ります。
③ 鍋に油を熱し、①②をいためます。油がまわったら、Aで調味し、汁気がなくなるまでいためます。

15分
副菜 弁当
120kcal

だいこんの皮のきんぴら
皮もむだにしません

材料（2人分）
だいこんの皮…150g
赤とうがらし …1/2本
いりごま(白) …大さじ1
ごま油…………大さじ1
A [しょうゆ …大さじ1
　　酒…………大さじ1
　　みりん……大さじ1/2]

作り方
① だいこんの皮は細切りにします。赤とうがらしは種をとって小口切りにします。
② 鍋にごま油を熱し、赤とうがらし、だいこんの皮を入れていためます。しんなりしたらAを加え、汁気がなくなるまでいためます。ごまを加えて火を止めます。

15分
副菜 弁当
107kcal

25分
主菜
弁当
213kcal

↑ たけのこのオイスターソースいため
しっかり味で、ごはんがすすむおかず

材料（2人分）

ゆでたけのこ …150g
豚ロース肉（薄切り）…100g
┌ 酒…………小さじ1
│ 塩…………少々
└ かたくり粉 …小さじ2

さやえんどう …30g
しょうが ………小1かけ (5g)
┌ オイスターソース・酒
A │ ………各小さじ2
└ しょうゆ …小さじ1
サラダ油………大さじ1/2

作り方

❶ たけのこは4～5cm長さの薄切りにします。さやえんどうは筋をとり、大きいものは長さを半分に切ります。しょうがは薄切りにします。
❷ 豚肉は4cm長さに切り、酒、塩をふり、かたくり粉をまぶします。Aは合わせます。
❸ 大きめのフライパンに油を熱し、弱火でしょうがを軽くいためます。中火にして豚肉を加えていため、肉の色が変わったら、たけのこ、さやえんどうを加えていためます。
❹ 全体に油がまわったら、Aを加えてひと混ぜします。

たけのこ
bamboo shoot

▶ **旬　春**
▶ **選び方**
皮の先端が緑にならずまだ黄色で、皮は薄茶色、根元の赤い粒々が小さく少ないほうが若くてやわらかい。収穫して時間がたつほどえぐ味が増すので、買ったらなるべく早くゆでる(→p.102)。

▶ **栄養**
食物繊維、亜鉛が多い。ゆでたけのこの節に見える白い粉は、たんぱく質の一種が固まったもので害はない。

▶ **保存**(→p.188)
ゆでたけのこは密閉容器で水につけて冷蔵。水を毎日かえれば約1週間もつ。冷凍には向かない。

▶ **調理のヒント**
・根元のほうがかたく、穂先はやわらかい。
・青椒肉絲(→p.139)などで細切りにするなら、根元のほうが切りやすい。

▶ **100gはこのくらい**

た

主菜 弁当 25分 221kcal

たけのこのとろり煮
ざっくり切って、あんで味をからめます

材料（2人分）
ゆでたけのこ …………150g
にんじん ……………80g
とり肉（から揚げ用）…150g
　塩………………………少々
A ┌ だし ……………カップ1・1/2
　├ みりん …………大さじ1
　└ しょうゆ ………大さじ1
（かたくり粉大さじ1/2　水大さじ1）

作り方
❶ たけのこは3～4cm大の乱切りにします。にんじんは、たけのこより少し小さめの乱切りにします。
❷ とり肉は大きければ半分に切り、塩をもみこみます。
❸ 鍋にAを入れ、沸とうしたら、①②を加えます。中火でふたをして15分ほど煮ます。鍋の底に汁が残っているところで、水どきかたくり粉を加え、とろみをつけます。

副菜 弁当 25分 61kcal

たけのこのかか煮
歯ざわりがよくておいしい、季節の味

材料（2人分）
ゆでたけのこ …………200g
けずりかつお …………5g
A ┌ 水 ………………カップ1
　└ しょうゆ・みりん …各大さじ1

作り方
❶ たけのこは、太い部分を1cm厚さの輪切りか半月切りにし、穂先はくし形に切ります。
❷ 鍋にA、たけのこ、けずりかつおの3/4量を入れて火にかけます。沸とうしたら落としぶたと鍋のふたをし、弱めの中火で15分ほどやわらかく煮ます。煮汁は1/3くらい残ります。
❸ 器に盛り、残りのけずりかつおをのせます。

| 70分 主食 弁当 284kcal | 20分 副菜 18kcal |

↱ たけのこごはん
細かく切るとごはんとなじみます

材料（4人分）
米…米用カップ2(360ml・300g)
ゆでたけのこ…150g
木の芽………少々
A ┌ だし……350ml
　│ 酒………大さじ1
　│ 塩………小さじ1/3
　└ しょうゆ…小さじ2

作り方
① 米をといで、たっぷりの水に30分以上つけます。
② たけのこは根元のほう1/3量をあらみじんに切ります。残りは5mm厚さの小さめのいちょう切りにします。
③ 米の水気をよくきります。炊飯器に、米、A、たけのこを入れてざっと混ぜ、ふつうに炊きます。
④ 盛りつけて、木の芽を飾ります。

↱ 若竹汁
うす味でたけのこのうま味をいかす

材料（2人分）
ゆでたけのこ(穂先)…25g
わかめ(塩蔵)*…5g
だし…………カップ1・1/2
A ┌ 塩………小さじ1/6
　└ しょうゆ…小さじ1/2
桜ふ…………2cm (10g)
＊乾燥わかめなら1〜2g。

作り方
① わかめは洗って水に2〜3分つけます。熱湯をかけて水気をしぼります。3cm長さに切ります。
② たけのこは3〜4cm長さの薄切りに、桜ふは2枚に切ります。
③ だしを温め、たけのこ、桜ふを加えます。Aで調味し、ひと煮立ちしたら火を止めます。
④ 器にわかめと、たけのこ、桜ふを盛り、汁をはります。

先端部の薄い皮＝姫皮は、汁の実やあえものに使えます。写真は姫皮の梅肉あえ。梅肉に、みりん、酒、しょうゆを少々混ぜて、姫皮をあえます。

たけのこのゆで方 PROCESS

a かたい根元といぼを切りとり、穂先を斜めに切り落とします。切りこみを1本、皮の厚さ半分まで入れます。

b 深鍋に、たっぷりの水とぬか(水1ℓに対して約10g)を混ぜます。または米のとぎ汁を入れます。たけのこ、赤とうがらし1本を入れ、落としぶただけをして、強火にかけます。沸とうしたら中火にし、1時間ほどゆでます。

c 根元に竹串を刺し、スッと通ればゆであがりです。ゆで汁につけたままさまします。

d さめてから皮をむきます。よく洗い、水につけて冷蔵保存します（毎日水をかえて約1週間もちます）。

たまねぎ
onion

▶ **旬**　秋～冬　初夏

日持ちをよくするために、収穫後1か月ほど風干しして出荷される。新たまねぎは春の早どりをすぐ出荷。

▶ **種類**

紫たまねぎは、新たまねぎ同様みずみずしく辛味が少ない。小たまねぎ（ペコロス）は丸ごと煮ものなどに。

▶ **選び方**

外皮がよく乾き、光沢があってしまっているもの。

▶ **栄養**

においや辛味の成分に、血栓を防ぐ働きや抗酸化作用がある。オリゴ糖も豊富。

▶ **保存**（→p.188）

湿気を嫌うので風通しのよい冷暗所で。夏は野菜室。新・紫たまねぎはいたみやすいので野菜室で。

▶ **調理のヒント**

・辛味は水にさらすとやわらぐ。

・いためるほど水分と辛味がとんで甘味が濃厚になり、料理にコクを出す。

▶ **100gはこのくらい**

30分　主菜　366kcal
＊カロリーは煮もののみ

↑ たまねぎのトマトカレー煮
そのままでも、ごはんやパスタと盛りつけても

材料（2人分）

たまねぎ	2個（400g）
さやいんげん	50g
とりもも肉	200g
カレー粉	大さじ1
サラダ油	大さじ1
塩	小さじ1/6
ごはん、またはパスタ	2人分

A ｛ トマトジュース（有塩）……160ml　白ワイン…大さじ2　スープの素…小さじ1 ｝

＊写真はクスクス（細粒状のパスタ）と盛りつけています。

作り方

❶ たまねぎは縦半分に切って、3～4つずつのくし形に切ります。いんげんは5cm長さに切ります。

❷ とり肉はひと口大に切ります。

❸ 大きめのフライパンに油を熱し、とり肉の両面を焼きます。たまねぎを加え、焼き色がついたらカレー粉といんげんを加えて弱火にし、1～2分いためます。

❹ Aを加えて強火にし、沸とうしたらアクをとって弱めの中火にします。ふたをずらしてのせ、15分ほど煮ます。味をみて塩を加えます。

＊ クスクスのもどし方
2人分〈クスクス50g、熱湯カップ1/2、オリーブ油小さじ1、塩少々〉を耐熱容器に入れて混ぜ、ラップをして電子レンジ（500W）で約1分30秒加熱し、2分ほどむらします。（1人分113kcal）

たまねぎの肉巻き
肉のボリュームが出て食べやすいおかず

材料（2人分）
- たまねぎ…小1個(150g)
- 牛ロース肉（薄切り）………200g
- サラダ油……大さじ1/2
- A ┌ 砂糖………大さじ1・1/2
  │ 酒…………大さじ2
  └ しょうゆ……大さじ2
- スプラウト……1パック

作り方
1. たまねぎは約1cm厚さのくし形に切ります。形がくずれないようにします。
2. 牛肉を1枚ずつ広げ、たまねぎを芯にして巻きます。Aは合わせます。
3. フライパンに油を熱し、肉を巻き終わりを下にして入れます。中火で焼き、焼き色がついたら裏返します。ふたをして弱火にし、3〜4分焼いてたまねぎに火を通します。
4. 最後にAを加えて強火にし、からめます。スプラウトと盛りつけます。

20分　主菜　弁当　522kcal

いわしとたまねぎのマリネ
酢で色よくなる紫たまねぎを使って

材料（2人分）
- いわし（生食用）………中2尾(200g)
- 酢……大さじ2
- たまねぎ…1/2個(100g)
- 紫たまねぎ 2/3個(100g)
- セロリ……1/2本(50g)
- レモン……1/6個
- マリネ液 ┌ 酢………大さじ1・1/2
  │ レモン汁…大さじ1/2
  │ 砂糖………小さじ1/2
  │ 塩…………小さじ1/2
  │ ローリエ…1枚
  └ サラダ油…大さじ1

作り方
1. いわしは三枚におろします（頭と内臓を除き、指で中骨から身をはがし、腹骨をすきとる）。塩小さじ1（材料外）をふって15分おきます。さっと洗い、酢をかけて5〜10分おきます。皮をむいて3cm長さに切ります。
2. たまねぎはそれぞれ2〜3mm厚さの輪切りにします。セロリは筋をとって4cm長さの薄切りに、レモンは薄い半月切りにします。
3. ボールにマリネ液の材料を混ぜます。いわしと②をつけ、冷蔵庫に30分以上おいて味をなじませます。セロリの葉を添えても。

60分　副菜　209kcal

オニオングラタンスープ
いためるほどに辛味が甘味に変化

材料（2人分）
たまねぎ……………………2個（400g）
バター………………………20g
フランスパン（5mm厚さ）……2枚
A ｜ 水……………………カップ2・1/2
　 ｜ 固形スープの素………1個
塩・こしょう………………各少々
グリュイエールチーズ（おろす）…20g

作り方
① たまねぎは薄切りにします。
② 厚手の鍋にバターを溶かし、たまねぎをいためます。強〜弱火で加減しながら、こげないように約20分いためます。茶色でねっとりとした状態になります。
③ ②にAを加えて煮立て、アクをとります。ふたをして弱火にし、20分ほど煮ます。塩、こしょうで味をととのえます。
④ パンを軽く焼きます。1人分ずつの器に③を入れてパンをのせ、チーズを散らします。200℃のオーブンで約10分焼きます。

60分
副菜
202kcal

新たまねぎのさっといため
新たまねぎの甘さがおいしいかんたんいため

材料（2人分）
新たまねぎ……中1個（200g）　　サラダ油…大さじ1/2
さやえんどう……10枚（20g）　　酒…………大さじ1
　　　　　　　　　　　　　　　　塩…………小さじ1/4
　　　　　　　　　　　　　　　　こしょう…少々

作り方
① 新たまねぎは、2cm幅のくし形に切ります。さやえんどうは筋をとり、半分に切ります。
② フライパンに油を熱し、たまねぎをいため、すき通ってきたら、さやえんどうを加えます。1〜2分いため、酒、塩で味をととのえ、こしょうをふります。

スライスオニオン
新たまねぎはスライスして生食が美味。写真は海藻サラダを加え、おかかをのせたもの。酢じょうゆをかけます。

10分
副菜
弁当
70kcal

とうがん
wax gourd

- 旬　夏
- 選び方
皮に張りがあって、重量感があるもの。
- 栄養
ビタミンC、カリウムが多い。
- 保存（→p.188）
夏にとれるが、丸ごと冷暗所に置けば冬までもつので冬瓜の名に。切ったものはラップに包んで野菜室に。
- 調理のヒント
・種はわたごと切りとる。
・大きめに切って皮をむいてから使う。色がきれいだが、皮はかため。色を見せたいとき以外は、皮は厚めにむく。

30分　副菜　60kcal

↑ とうがんのえびあんかけ
淡泊な味のあんをたっぷりからめて食べる定番

材料（2人分）
とうがん ……… 300g
A ┌ だし ……… カップ1・1/2
　├ みりん …… 大さじ1/2
　├ しょうゆ … 小さじ1/2
　└ 塩 ………… 小さじ1/4
えび（殻つき）…… 50g
かたくり粉 …… 大さじ1/2
水 …………… 大さじ1
みつば（あれば）… 2本

作り方
① とうがんは3cm角に切り、皮をやや薄くむいて種とわたを除きます。
② えびは殻と背わたを除き、5mm角にきざみます。
③ 鍋にとうがんとAを入れて火にかけ、沸とうしたらふたをして弱火にし、15分ほど煮ます。えびをほぐして加え、アクをとりながら、さらに約2分煮ます。
④ 水どきかたくり粉を加えてとろみをつけ、器に盛ります。みつばの葉を飾ります。

▶ 100gはこのくらい

とうがんとかにの中華サラダ
とうがんは生でも食べられます

材料（2人分）
とうがん……200g	ドレッシング
塩………小さじ1/4	酢………大さじ1
はるさめ……20g	しょうゆ……大さじ1/2
かに缶詰……小1缶(55g)	砂糖………小さじ1/2
万能ねぎ……1本	ごま油……大さじ1/2

作り方

❶ とうがんは3〜4cm幅に切り、皮をむいて、種とわたを除きます。2〜3mm厚さのいちょう切りにします。ボールに入れ、塩をふって混ぜ、10分ほどおきます。水気を軽くしぼります。

❷ はるさめは袋の表示どおりに熱湯でゆで、水気をきります。5〜6cm長さに切ります。かには汁気をきり、ほぐします。

❸ 万能ねぎは2cm長さに切ります。

❹ ①②を混ぜて器に盛り、ねぎを散らします。ドレッシングを合わせて添えます。

15分　副菜　弁当　192kcal

とうがんのスープ
小さめに切ればすぐ煮えます

材料（2人分）
とうがん……200g	塩………小さじ1/8
にんじん……30g	こしょう…少々
A｛水………カップ2　スープの素……小さじ1｝	卵………1個

作り方

❶ とうがんは皮をむいて、種とわたを除き、1.5cm角に切ります。にんじんは1cm角に切ります。

❷ 鍋に①とAを入れてふたをし、火にかけます。沸とうしたら弱火にし、7〜8分煮ます。塩、こしょうで味をととのえます。

❸ 卵をときほぐします。鍋に回し入れ、1分ほど煮て火を止めます。

20分　副菜　59kcal

25分
主菜
弁当
255kcal

とうもろこし
corn

▶ 旬　夏
▶ 選び方
皮つきで、皮の緑色が濃く、ひげが豊かで濃い茶色のもの。重量感があるもの。実がぎっしりとついている。品種によって実の色が白っぽいものもある。

▶ 栄養
食物繊維が多い。リノール酸が動脈硬化予防に役立つ。

▶ 保存（→p.188）
鮮度や甘味が落ちやすいので、買った日のうちにゆでる。冷凍の場合は、ゆでて実をはずしてからのほうが、丸ごとより味が落ちにくい。

▶ 調理のヒント
・ゆで方→水1ℓにつき塩大さじ1/2を加え、水から入れて5〜10分ゆでる。
・電子レンジなら、皮をむいてラップで包み、小1本（200g）で3〜4分加熱（500W）。

▶ **200gはこのくらい**
　（正味約100g）

↑ とうもろこしと手羽元の煮もの
旬のとうもろこしならではの料理です

材料（2人分）
とうもろこし*……小1本（200g）
とり手羽元………4本（300g）

＊夏の終わりころのとうが立ったものは、軸がかたくて切れないので向きません。

A｜水……………カップ1
　｜酒……………カップ1/4
　｜砂糖…………大さじ1
　｜酢……………大さじ2
　｜しょうゆ……大さじ1・1/2
　｜赤とうがらし（種をとる）
　｜　…………1/2本

作り方
❶ とうもろこしは軸ごと2〜3cm厚さの輪切りにします。
❷ 沸とうした湯に手羽元を入れ、再び沸とうしたらざるにあげて水気をきります。
❸ 鍋にA、①②を入れ、ふたをして火にかけます。沸とう後、弱火で20分ほど煮ます。

コーンポテトサラダ
お弁当にも使えるかんたんポテサラ

材料（2人分）
コーン* ……… 100g
じゃがいも …… 小1個（130g）
┌ 塩 ………… 小さじ1/6
└ 粒マスタード 小さじ1/2
ほうれんそう … 80g
マヨネーズ …… 大さじ2・1/2

＊生なら小約1本分。冷凍コーンでも。

作り方
❶ じゃがいもは洗い、水気がついたまま皿にのせ、ラップなしで、電子レンジで4〜5分加熱（500W）します。皮をむき、熱いうちにつぶして、塩、粒マスタードを混ぜます。
❷ ほうれんそうは3㎝長さに切ります。湯をわかし、ほうれんそう、コーンを順に入れます。再び沸とうしたら、ざるにとって水気をしぼります。
❸ ①②を合わせて、マヨネーズであえます。

20分
副菜
弁当
209kcal

コーンのミルクスープ
コーンの甘味がたっぷり

材料（2人分）
コーン* …… 120g
たまねぎ …… 50g
バター ……… 15g
小麦粉 ……… 大さじ1

A ┌ 水 ……… 100ml
　├ スープの素 …小さじ1
　├ 塩 ……… 小さじ1/8
　│ 牛乳 ……… 200ml
　└ こしょう …… 少々

＊生なら約1本分。冷凍コーンでも。

作り方
❶ コーンはあらくきざみます。たまねぎは薄切りにします。
❷ 厚手の鍋にバターを溶かし、たまねぎをいため、しんなりしたら小麦粉を加えてこがさないように1分ほどいためます。
❸ コーンを加えて軽くいため、Aを加えてよく混ぜます。ふたをして5分ほど煮ます。牛乳を加えて温め、こしょうをふります。

20分
副菜
212kcal

トマト
tomato

▶ **旬** 夏

▶ **選び方**
種類豊富。がくがピンとしているものが新鮮。色ムラがなく重量感があるもの。

▶ **栄養**
ビタミンAが豊富。赤い色素のリコピンは、抗酸化作用が強い。「トマトが赤くなると医者が青くなる」のことわざも。

▶ **保存**（→p.188）
青いものは常温で追熟。熟したものは野菜室に。加熱用に使うなら生で冷凍できる。凍ったものは水につけると皮がツルッとむける。

▶ **調理のヒント**
・皮が気になる場合は「湯むき」する。湯むきは、熱湯にトマトを5秒ほどつけ、すぐ水にとって皮をむく。

30分
主菜
186kcal

↑ トマトのえびチリソースいため
トマトは加熱で甘味とうま味が増します

材料（2人分）

トマト（完熟）……2個（300g）
えび（殻つき）……8尾（150g）
サラダ油………大さじ1

A ┌ 塩…………少々
　├ 酒…………小さじ1
　└ かたくり粉…小さじ1

┌ かたくり粉…小さじ1/2
└ 水…………小さじ1

B ┌ しょうが …小1かけ（5g）
　├ にんにく …小1片（5g）
　└ たまねぎ …30g

C ┌ 水…………カップ1/4
　├ 中華スープの素 …小さじ1/4
　├ 砂糖・しょうゆ …各小さじ1
　├ 豆板醤（トーバンジャン）…小さじ1/2〜1/3
　└ トマトケチャップ …大さじ1・1/2

作り方

① えびは殻をむき、背わたをとります。ボールに入れ、Aを順にもみこみます。
② トマトはへたをとり、6等分のくし形に切ります。
③ Bはみじん切りにします。Cは合わせます。
④ 大きめのフライパンに油大さじ1/2を熱し、えびを入れ、色が変わったらとり出します。
⑤ 油大さじ1/2をたし、Bを弱火でいため、香りが出たらCを加えて中火にします。沸とうしたら水どきかたくり粉を加えてとろみをつけます。えびとトマトを加えて混ぜ、温まったら火を止めます。

▶ **100gはこのくらい**

トマトの冷製サラダ
シンプルでおいしい。旬のトマトなら格別

材料（2人分）
- トマト …………… 中1個（200g）
- たまねぎ ………… 30g
- A
  - 酢 ………… 大さじ1・1/2
  - 塩 ………… 小さじ1/6
  - 砂糖・こしょう … 各少々
  - サラダ油 ……… 大さじ1・1/2

作り方
1. トマトはへたをとり、5mm厚さの輪切りか半月切りにします。器に盛りつけます。
2. たまねぎはみじん切りにし、Aと合わせてドレッシングを作り、トマトにかけて冷やします。
3. 冷えたところで、食べます。

20分　副菜　99kcal

トマトのさっといため
みょうががベストマッチ。
5秒いためてできあがり

材料（2人分）
- トマト ………… 中1個（200g）
- みょうが ……… 1個（20g）
- サラダ油 ……… 小さじ1
- A
  - しょうゆ … 小さじ1
  - 酢 ………… 小さじ1/2
  - 塩 ………… 少々

作り方
1. トマトはへたをとり、ひと口大に切ります。
2. みょうがは縦半分に切り、薄切りにします。飾り用に少しとりおきます。
3. フライパンに油を熱し、みょうがとトマトを加えてひと混ぜし、Aをかけて火を止めます。
4. 器に盛り、みょうがを飾ります。

10分　副菜　41kcal

トマトカップのチーズ焼き
形を生かして。ブランチにいかがでしょう

材料 （2人分）
トマト…小2個(200g)	オリーブ油………小さじ1/2
カマンベールチーズ	A(塩・こしょう …各少々)
…………………50g	黒オリーブ(種抜き・
黄ピーマン……30g	薄切り)………4切れ

作り方
① トマトはへたから1cmくらいのところを横に切り、中身をスプーンでくり抜きます。中身は種を除いて7〜8mm角に切ります。
② ピーマンは7〜8mm角に切り、油でいため、Aをふります。チーズは1cm角に切ります。
③ カップのトマトに、角切りトマト、②、オリーブを詰めます。
④ 耐熱容器に③をのせ、オーブントースターで、チーズが溶け始めるまで4分焼きます。

20分 副菜 111kcal

トマトソース
出盛りトマトなら甘味が凝縮しています

材料
トマト(完熟)	ローリエ…1枚
………中4個(800g)	白ワイン…大さじ2
たまねぎ…1/2個(100g)	A 砂糖……小さじ1/2
にんにく…1片(10g)	塩……小さじ1/4
オリーブ油…大さじ2	こしょう………少々

＊ スパゲティに使うなら3〜4食分です。

作り方
① トマトは熱湯につけて皮をむき、あらくきざみます。厚手の鍋に入れて火にかけ、煮立ったら中火にし、ふたをずらしてのせます。時々混ぜながら2/3量になるまで約10分煮つめます。ボールにあけます。
② たまねぎ、にんにくはみじん切りにします。
③ 厚手の鍋に油を熱し、②を弱めの中火で7〜8分じっくりいため、薄茶色になったら、①のトマト、Aを加えます。
④ 沸とう後、弱火にして20分ほど煮ます。ポトッとかたまりで落ちるくらいに煮つまったら、こしょうをふって火を止めます。

＊ 保存は使う分量ずつに分けて冷凍します。1か月くらいもちます。パスタのほか、煮ものやピザに使えます。

50分 ソース 441kcal

＊ カロリーは全量

トマトのシロップ漬け
冷やしておいしい。デザートや副菜に

材料（2人分）
ミディトマト …………4個（200g）
ミントの葉 …………4枝
シロップ ┌ 水 ………カップ1
　　　　 │ 砂糖 ………100g
　　　　 └ レモン汁…大さじ1

作り方
❶ 鍋に分量の水と砂糖を入れて、砂糖を煮溶かします。火を止めてレモン汁を加えます。さまします。
❷ トマトは熱湯につけて皮をむき、へたをとります。
❸ ポリ袋に①とトマトを入れます。空気を抜いて口をとじ、冷蔵庫にひと晩おきます。
❹ 盛りつけてミントを添えます。
＊つけおき時間は除く。

20分
副菜
117kcal

ミニトマトとモッツァレラのサラダ
イタリアのトマト産地の名物料理をアレンジ

材料（2人分）
ミニトマト（赤・黄）…8〜10個（150g）
モッツァレラチーズ（フレッシュタイプ）
　　　　　　　………1パック（100g）
バジルの葉…………1〜2枝分
A ┌ 塩・こしょう …各少々
　└ オリーブ油 ……大さじ1

作り方
❶ トマトはへたをとり、半分に切ります。チーズは1〜2cmの角切りにします。
❷ ①をAであえて、冷やします。
❸ 食べる前に、バジルの葉をつみ、飾り用を少し残して、ほかをちぎって混ぜます。

20分
副菜
213kcal

なす
eggplant

> 🔸 **旬** 夏～秋
> 🔸 **種類**
> 長卵形なす、長なす、丸なすなど在来種ほか多種ある。大型でへたが緑色の米なすは、アメリカ種由来。
> 🔸 **選び方**
> 新鮮なものはへたのとげが痛いくらい張っている。皮色が濃く、張り、つや、重みがある。
> 🔸 **栄養**
> 紫色の色素はポリフェノールの一種。体のさびを防ぐ抗酸化作用がある。
> 🔸 **保存**（→p.188）
> 低温に弱い。ポリ袋に入れて冷暗所に。冷凍には向かない。
> 🔸 **調理のヒント**
> ・切り口が変色するので水にさっとさらす。または直前に切る。
> ・高温の油で加熱すると色素が安定して紫色を鮮やかに保てる。

⏱ 20分 主菜 300kcal

⬆ マーボーなす
なすを1度揚げるので、こっくりとした深い味に

材料（2人分）

なす	3個（210g）
豚ひき肉	50g
豆板醤(トーバンジャン)	小さじ1
A しょうが	小1かけ（5g）
にんにく	小1片（5g）
ねぎ	1/3本（30g）
揚げ油	適量
ごま油	小さじ2
B 水	50ml
中華スープの素	小さじ1/2
みそ	大さじ1
砂糖・しょうゆ	各小さじ1
（かたくり粉小さじ1　水小さじ2）	

作り方

① Aはみじん切りにします。Bは合わせます。
② なすはへたを除いて縦8つ割りにします。
③ 揚げ油を高温（180℃）に熱し、なすを揚げます。皮がつやよくなったらとり出します。
④ 大きめのフライパンにごま油小さじ1とAを入れて中火で軽くいため、ひき肉、豆板醤を加えていためます。ひき肉がパラリとしたら、Bを加えます。
⑤ 煮立ったら、なすを入れて1～2分煮ます。水どきかたくり粉を加えてとろみをつけます。最後にごま油小さじ1を加えて香りをつけ、火を止めます。

🔸 **100gはこのくらい**

揚げなすの香味だれ
熱々でも冷やして食べてもおいしい

材料（2人分）
- なす……………3個（210g）
- 揚げ油…………適量
- A
  - にんにく………小1片（5g）
  - しょうが………小1かけ（5g）
  - 赤とうがらし……1/2本
  - 砂糖……………大さじ1/2
  - しょうゆ・酢……各大さじ1
  - ごま油…………小さじ1

作り方
1. にんにく、しょうがはみじん切りにします。赤とうがらしは種を除いて小口切りにします。ボールにAを合わせます。
2. なすはへたを除き、ひと口大の乱切りにします。
3. 揚げ油を高温（180℃）に熱し、なすを約1分、色よく揚げて油をきります。
4. なすをAにつけます。

15分　副菜　197kcal

なすの鍋しぎ
"からめてから加熱"で油が全体にいきわたる

材料（2人分）
- なす………3個（210g）
- ごま油……大さじ1・1/2
- しその葉…5枚
- A
  - みそ…大さじ1・1/2
  - 砂糖…大さじ1/2
  - みりん…大さじ1
  - だし（または水）…大さじ2

作り方
1. なすはがくを切り落とし、皮を縦じまにむきます。1cm厚さの輪切りにします。
2. しそは軸を除き、せん切りにします。水にさっとさらして水気をきります。
3. Aは合わせます。鍋になすを入れ、ごま油を回しかけてからめてから、強火にかけます。なすに焼き色がついて少しやわらかくなるまでいためます。
4. 弱火にし、Aを加えて混ぜ、汁気がほぼなくなるまでいため煮にします。器に盛り、しそをのせます。

15分　副菜　弁当　159kcal

40分 主菜 482kcal

🡅 なすのミートソースグラタン
煮つめた生クリームをホワイトソースの代わりに

材料 （2人分）
- 米なす*……1個（250g）
- 塩…………小さじ1/4
- オリーブ油…大さじ1
- 生クリーム…カップ1/2
- ピザ用チーズ……40g

*ふつうのなすでも作れます。

ミートソース
- 合びき肉……50g
- A { たまねぎ…1/4個（50g）
-   { にんにく…小1片（5g）
- B { トマト水煮缶詰(カット)…小1缶（200g）
-   { 固形スープの素……1/2個
-   { ローリエ…小1枚
- C { 塩…………小さじ1/8
-   { 砂糖・こしょう……各少々

作り方
❶ ミートソースを作ります。
① Aはみじん切りにします。厚手の鍋にオリーブ油大さじ1/2（材料外）を熱し、Aを中火でいためます。しんなりしたら、ひき肉を加え、パラリとするまでいためます（a）。
② Bを加えてふたをずらしてのせ、時々混ぜながら15分ほど煮ます。
③ とろりとしたらCで味をととのえます。
❷ なすはへたを除いて、1cm厚さの輪切りにし、ボールに入れて塩を混ぜます（b）。10分おいて出てきた水気をふき、油大さじ1をかけて全体にからめます（c）。
❸ なすを大きめのフライパンに並べ入れ、強火で表面に焼き色がつくまで焼きます（d）。
❹ 鍋に生クリームを入れ、とろりとするまで煮つめます。
❺ 耐熱容器にミートソースの1/3量を敷き、なすを並べ、ミートソース、なす、ミートソースの順に重ねます（e）。❹をかけ、チーズをのせます。
❻ 220℃のオーブンで焼き色がつくまで7〜8分焼きます。

プロセス PROCESS

a ひき肉をしっかりいためておくと、肉のくさみが残りません。

b なすを塩もみしておくと、余分な水分が抜けてうま味が増し、油の吸収も抑えるので、一石二鳥。

c なすに油を混ぜておいたほうが、ムラなく焼け、また余分な油を吸わなくてすみます。

d 両面が色づく程度でだいじょうぶ。

e 容器に重ね入れます。最後にクリームがかかるので、ラザニア風のコクある味になります。

なすの田楽
果肉たっぷり旬の米なすで

材料（2人分）
米なす*……1個（250g）
サラダ油……大さじ2
穂じそ、ゆずの皮、
ごまなど適量

練りみそ
- みそ……………大さじ2
- 砂糖……………大さじ2
- みりん…………大さじ1
- 酒（または水）……大さじ2

＊ふつうサイズのなすで作る場合は、果肉に入れる切りこみは不要です。

作り方
1. なすはへたのまわりに切りこみを入れてがくの先を除き、縦半分に切ります。皮にそって5mm内側に切りこみを入れ、中央に3cm間隔で斜め格子の切りこみを入れて（厚み半分まで）、食べやすくしておきます。
2. フライパンに油を熱し、なすの皮を下にして入れて油をからませてから、切り口を下にして焼きます。弱めの中火で4～5分、薄い焼き色がついたら裏返してふたをし、7～8分蒸し焼きにします。箸で押してやわらかければ焼きあがりです。
3. 練りみその材料を小鍋に入れ、弱火にかけて練り混ぜてとろりとさせます。なすにみそを塗り、穂じそなどを添えます。

25分
副菜
219kcal

なすのからしじょうゆあえ
生を塩もみにして

材料（2人分）
なす……大1個（100g）

A
- 水……カップ1
- 塩……小さじ1

B
- 練りがらし……小さじ1/3
- みりん……小さじ1
- しょうゆ……小さじ1
- 酢……………小さじ1

作り方
1. なすはへたを除き、縦半分にして斜め薄切りにします。
2. ①をAにつけて10分ほどおきます。水気を軽めにしぼります。
3. Bを合わせ、なすをあえます。

15分
副菜
弁当
22kcal

蒸しなすのごま酢あえ
なすを電子レンジで加熱

材料（2人分）
- なす‥‥‥‥‥‥2個（140g）
- A
  - すりごま（白）‥‥大さじ2
  - 砂糖・酒‥‥‥各大さじ1/2
  - 塩‥‥‥‥‥‥小さじ1/8
  - 水‥‥‥‥‥‥大さじ1
- 酢‥‥‥‥‥‥‥大さじ1/2
- みょうが‥‥‥‥‥1個

作り方
1. なすはへたを除きます。縦半分に切って、さっと水にさらします。耐熱皿に並べてラップをし、電子レンジで3～4分加熱（500W）します。さめたら縦4～5等分に切ります。
2. 小鍋にAを合わせ、中火で混ぜながら汁気がなくなるまで煮つめます。さめたら酢を加え、なすをあえます。器に盛ります。
3. みょうがを薄切りにして水にさらし、水気をきってのせます。

10分　副菜　弁当　52kcal

焼きなす
皮のこげた香りがおいしさに

材料（2人分）
- なす‥‥‥‥4個（280g）
- しょうが‥‥1かけ（10g）
- A
  - しょうゆ‥‥小さじ2
  - みりん‥‥‥小さじ1
  - 水‥‥‥‥‥大さじ2
  - けずりかつお‥2g

作り方
1. 小鍋にAを入れ、ひと煮立ちさせてこします。しょうがはすりおろします。
2. なすはへたのまわりに浅く切りこみを入れ、がくの先をとり除きます。
3. なすをグリルか焼き網で焼きます。強火で皮全体をこがすつもりでよく焼きます。箸ではさんでみて、やわらかくなったら、水にさっと通し、熱いうちに皮をむきます。へたを切り落とし、竹串で縦4～6つにさきます。
4. 盛りつけてAをかけ、しょうがをのせます。

20分　副菜　44kcal

なすと豚肉のケチャップいため
相性のよいトマト味で調味

材料（2人分）

なす	2個（140g）
たまねぎ	1/4個（50g）
豚もも肉（薄切り）	50g

A ┌ 塩・こしょう……各少々
　 └ 白ワイン……小さじ1/2

B ┌ トマトケチャップ……大さじ1・1/2
　├ スープの素……小さじ1/2
　└ 白ワイン（または水）……大さじ1

サラダ油……大さじ1・1/2

作り方

❶ なすはへたを除いて縦半分に切り、1cm幅の斜め切りにします。
❷ たまねぎは薄切りにします。豚肉は2〜3cm長さに切り、Aをもみこみます。
❸ Bは合わせます。大きめのフライパンに油大さじ1/2を中火で熱し、たまねぎをしんなりするまでいためます。豚肉を加えていため、1度とり出します。
❹ 油大さじ1をたして、なすをいためます。少ししんなりしたら、③をもどし、Bを加えてからめます。

20分 / 副菜 弁当 / 182kcal

なすの煮もの
さましている間も味を含ませます

材料（2人分）

なす	2個（140g）
がんもどき（小）	4個

A ┌ だし……カップ1
　 └ みりん・しょうゆ……各大さじ1

作り方

❶ なすはへたを除き、縦半分に切ります。皮に斜めに5mm間隔の切り目を入れます。水にさっとさらして水気をきります。
❷ がんもどきは熱湯をかけて油抜きし、竹串で表面を刺して、味を含みやすくしておきます。
❸ 鍋にAを煮立て、なすとがんもどきを入れて、落としぶたとふたをします。なすがやわらかくなるまで中火で約10分煮ます。
❹ 火を止めて、そのままさまして味を含ませます。

20分 / 副菜 弁当 / 182kcal

菜の花
rape flower

▶ 旬　早春
▶ 選び方
みずみずしく、切り口が新鮮で、花が咲いていないもの。
▶ 栄養
鉄、カルシウム、ビタミンC・Eがとても多く、食物繊維も含めて栄養価が高い。
▶ 保存（→p.188）
束ねてあるテープがきつければ、はずしてポリ袋に入れ、むれるので密閉せずに口を折って野菜室に立てて。ゆでて冷凍できる。
▶ 調理のヒント
茎の端を切り落として使う。ゆでるときは、かたい茎のほうから湯に入れる。

な

80分
主食
弁当
355kcal

🔸 菜の花と牛肉の混ぜごはん
ごはんにとり入れて春の気分を味わいたい

材料（4人分）

菜の花‥‥‥‥1束（200g）
　塩‥‥‥‥‥大さじ1/2
牛もも肉（薄切り）‥‥100g
A ┌ しょうがのしぼり汁‥大さじ1/2
　│ 砂糖‥‥‥‥大さじ1
　│ 酒‥‥‥‥‥大さじ1
　└ しょうゆ‥‥大さじ1
米‥米用カップ2（360ml）
水‥‥‥‥‥‥400ml
B ┌ しょうゆ‥‥大さじ1/2
　└ 塩‥‥‥‥‥小さじ1/4
甘酢しょうが‥20g

作り方

❶ 米はといで炊飯器に入れ、分量の水に30分以上つけます。Bを加えて炊きます。
❷ 菜の花は茎の端を落とします。約1ℓの熱湯に塩大さじ1/2を加えてゆで、ざるにとって水気をしぼります。3cm長さに切ります。
❸ 牛肉は3〜4cm長さに切ります。鍋にAと牛肉を入れて中火にかけ、ほぐしながら、煮汁がなくなるまでいり煮にします。
❹ 食べる直前に、ごはんに❸を混ぜ、菜の花をざっと混ぜます。甘酢しょうがをのせます。

▶ **100gはこのくらい**

菜の花の卵巻き
少量の残りで作れ、ほろにがい味が際立つ

材料（2人分）
菜の花…………1/4束（50g）
卵………………2個
塩………………少々
焼きのり………1/4枚
サラダ油………大さじ1

作り方
❶ 菜の花は茎の端を落とし、2カップの熱湯に塩小さじ1（材料外）を加えてゆでます。水気をしぼります。のりで巻きます。
❷ 卵はほぐし、塩を混ぜます。
❸ 卵焼き器に油をなじませ、余分をふきとって、半量の卵液を入れます。菜の花を卵の向こう側に置いて、卵を向こうから手前へと巻きます。油少々をひき、残りの卵液を流して巻き重ねます。

＊フライパンで焼く場合は、卵の左右両端を中に折りたたんでから、向こう側から手前へと巻きます。

15分
副菜
弁当
147kcal

菜の花とたいのからしあえ
菜の花にからしじょうゆの味はよく合います

材料（2人分）
菜の花…………1/2束（100g）
　しょうゆ………小さじ1/2
たい(刺し身・さく)…60g
A ｛ しょうゆ……大さじ1/2
　　練りがらし…小さじ1/2

作り方
❶ 菜の花は茎の端を落とし、熱湯でゆでます。水にとって水気をしぼり、3cm長さに切ります。しょうゆをふって、もう一度しぼります。
❷ たいは薄切りにします。
❸ Aを合わせて、❶❷をあえます。

15分
副菜
81kcal

に

にら
Chinese leek

▶ 旬　春
▶ 選び方
葉が肉厚で幅広、葉先まで張りがあるもの。茎が太すぎるものは筋っぽい。
▶ 栄養
カロテン、ビタミンCが豊富。ビタミンEも多い。ツンとする刺激成分は消化を促す働きがある。
▶ 保存（→p.188）
風にあたるとしおれやすく、水にぬれるといたみやすい。ポリ袋で密閉して野菜室に。ひと口大に切って、生で冷凍できる。
▶ 調理のヒント
・風や水でしおれやすいので、使う直前に出して切る。
・加熱は短時間にして、色と風味を生かす。

20分
主菜
153kcal

⬆ にらレバいため
にらともやしは手早くいためてシャッキリと

材料（2人分）
にら	1束（100g）
豚レバー（薄切り）	100g
酒・しょうゆ	各小さじ1/2
もやし	1/2袋（100g）
しょうが	小1かけ（5g）
ねぎ	5cm
A ┌ しょうゆ	大さじ1/2
├ 酒	大さじ1/2
└ 塩	小さじ1/4
サラダ油	大さじ1

作り方
❶ レバーは大きければ3～4cm大に切り、洗って水気をよくきります。酒、しょうゆをまぶし、10分ほどおきます。
❷ もやしはできればひげ根をとります。にらは4cm長さに切ります。
❸ しょうが、ねぎはみじん切りにします。
❹ 大きめのフライパンに油、③を入れ、弱火にかけます。香りが出たら、レバーを入れ、中火でいためます。レバーに火が通ったら、にらともやしを加えてさっといため、Aで味をととのえます。

▶ 100gはこのくらい

10分 副菜 146kcal

にらのたこキムチいため
パンチのある味で、食がすすみます

材料（2人分）

にら	1束（100g）
ゆでだこ	100g
はくさいキムチ	100g
ごま油	大さじ1
A 酒	大さじ1
しょうゆ	小さじ1

作り方

① にらは4cm長さに切ります。たことキムチはひと口大に切ります。
② 大きめのフライパンにごま油を熱し、たこを1分ほどいため、Aをふります。キムチを混ぜ、最後に、にらを加えてさっといためます。

20分 副菜 244kcal

にらのチヂミ
韓国風お好み焼き。おつまみに喜ばれます

材料（2人分）

にら	1/2束（50g）
あさり缶詰（むき身）	小1缶（65g）
ごま油	大さじ1
A 卵1個＋水	合わせてカップ1/2
小麦粉	カップ1/2
塩	少々
たれ コチュジャン	小さじ1
しょうゆ・酢	各大さじ1/2

＊直径約20cmのフライパン1枚分です。

作り方

① にらは15cm長さに切り、トレーに並べます。
② あさりは汁気をきってボールに入れます。
③ Aの卵をほぐして水を加え、カップ1/2にします。粉、塩を混ぜます。
④ あさりにAを大さじ4混ぜます。にらに残りのAをかけてあえます。
⑤ フライパンに油を熱して中火にし、にらの生地を広げます。3分ほどして表面が固まってきたら、あさりの生地を上に広げます。裏返して弱火で裏面も2～3分焼きます。
⑥ 食べやすく切ります。たれを合わせて添えます。

にらたまみそ汁
これ一杯で元気が出そう

材料（2人分）
にら…………1/2束（50g）
卵……………2個
だし…………カップ1・1/2
みそ…………大さじ1・1/2
すりごま(白)…大さじ1

作り方
① にらは3〜4cm長さに切ります。
② 鍋にだしを温め、中火にして、みそをとき入れます。
③ 卵をひとつずつ割って②にそっと入れ、にらを加えます。卵が半熟になったら火を止めます。
④ 椀に盛り、すりごまをふりかけます。

10分　副菜　122kcal

にらのおひたし
ゆでるとかさが減って1束ぺろり

材料（2人分）
にら……………1束（100g）
けずりかつお…2g
A ┌ しょうゆ…小さじ1
　├ 酒…………小さじ1
　└ みりん……小さじ1

作り方
① にらは熱湯でさっとゆで、水にとってしぼります。4cm長さに切ります。
② Aを合わせてにらをあえ、けずりかつおをのせます。

10分　副菜　25kcal

にんじん
carrot

- ▶ 旬　秋〜冬
- ▶ 選び方
表面がなめらかでつやがある、葉元まできれいなオレンジ色のもの。
- ▶ 栄養
抗酸化作用のあるカロテンが多く、特に皮近くに多い。β-カロテンは体内でビタミンAに変わって粘膜をじょうぶにする。
- ▶ 保存（→p.188）
ポリ袋に入れて野菜室に。使いかけは水気をふいてラップで包む。
- ▶ 調理のヒント
皮がきれいなら、そのまま使っても。

45分
副菜
弁当
164kcal

↑ にんじんの煮サラダ
ビタミンA・C・Eと鉄分と、美肌にうれしい一品

材料（2人分）

にんじん………1本（200g）
プルーン………5個（50g）
サラダ油………小さじ1
A ｜ 水…………大さじ3
　｜ 砂糖………小さじ1/3
　｜ 白ワインビネガー
　｜ （または酢）…小さじ2
　｜ 塩…………少々
　｜ ローリエ…1枚
B ｜ バター……10g
　｜ 塩・こしょう…各少々
トッピング
｜ くるみ………15g
｜ パセリ………1枝
｜ サラダ油……少々

作り方

❶ にんじんは5〜6cm長さに切り、1cm角の拍子木切りにします。厚手の鍋ににんじんを入れて、油小さじ1をからめます。
❷ プルーンとAを加え、ふたをして弱火で約30分煮ます（水分が少ないのでこげないように火加減します）。やわらかくなったらBを混ぜて、火を止めます。
❸ くるみ、パセリ（茎ごと）はあらくきざみます。油少々でくるみをいため、焼き色がついたらパセリを加えてひと混ぜします。
❹ ②を盛りつけて、③をかけます。

▶ 100gはこのくらい

125

にんじんとグレープフルーツのサラダ
酸味がさわやかなヘルシーサラダ

材料（2人分）
にんじん………1/2本（100g）
　塩…………小さじ1/8
グレープフルーツ…1/2個（150g）
ドレッシング
　砂糖…………小さじ1/2
　塩……………少々
　グレープフルーツの果汁…大さじ1
　サラダ油………大さじ1

作り方
❶ にんじんは斜め薄切りにし、せん切りにします。塩をふって混ぜ、5分ほどおいて水気を軽くしぼります。
❷ グレープフルーツは果肉をとり出し、半分に切ります。果汁大さじ1をとります。
❸ ボールにドレッシングの材料を混ぜ、にんじんとグレープフルーツの果肉をあえます。10分ほど冷蔵庫において味をなじませます。

25分
副菜／弁当
87kcal

にんじんのポタージュ
米を一緒に煮て濃度を出します

材料（2人分）
にんじん…3/4本（150g）　牛乳…………250ml
たまねぎ…1/4個（50g）　塩・こしょう……各少々
バター……10g　　　　　クルトン
A｛水……カップ1　　　｛食パン……1/8枚
　固形スープの素…1個　サラダ油…少々
　米……大さじ1

作り方
❶ パンを5mm角に切り、油で色よくいためてペーパーにとります。
❷ にんじんは5mm厚さのいちょう切りに、たまねぎは薄切りにします。
❸ 厚手の鍋にバターを溶かし、たまねぎを中火で3分ほど、色づかないようにいためます。にんじんを加えてひと混ぜし、Aを加え、ふたをして弱火で12分ほど煮ます。やわらかくなったら火を止め、少しさまします。
❹ ③をミキサーにかけます。鍋にもどし、牛乳を加えて温め、塩、こしょうをふります。

35分
副菜
203kcal

にんじんピラフ
食べやすく、彩りもきれい

材料（4人分）
- にんじん…1本(200g)
- たまねぎ…1/4個(50g)
- とりもも肉…100g
- 塩・こしょう…各少々
- 米…米用カップ2（360ml・300g）
- サラダ油…大さじ1
- A
  - 水…300ml
  - スープの素…小さじ1
  - 白ワイン…大さじ2
  - 塩…小さじ1/2
  - こしょう…少々
- スライスアーモンド…大さじ2

作り方
1. にんじんはすりおろします。たまねぎはみじん切りにします（それぞれをクッキングカッターにかけても）。
2. 肉は1cm角に切り、塩、こしょうをふります。
3. 大きめのフライパンに油を熱し、たまねぎと肉を軽くいため、米（洗わずに）、にんじんを加えて2分ほどいためます。
4. ③を炊飯器に移し、Aを加えて混ぜ、ふつうに炊きます。
5. アーモンドをフライパンで軽くいり、ごはんの上に散らします。

60分　主食　弁当　376kcal

にんじんのみそきんぴら
いためるとにんじんの甘味がひき立ちます

材料（2人分）
- にんじん…3/4本(150g)
- A
  - みそ…大さじ1
  - 酒…大さじ1
  - みりん…大さじ1/2
- ごま油…大さじ1/2
- いりごま(白)…少々

作り方
1. にんじんは、4〜5cm長さ、1cm幅のたんざく切りにします。
2. Aは合わせます。
3. 鍋に油を熱し、にんじんを中火でいためます。しんなりしたらAを加え、混ぜながら、汁気がなくなるまでいためます。
4. 盛りつけ、ごまを指でひねってふります。

15分　副菜　弁当　93kcal

15分
主菜
234kcal

にんにくの芽
garlic shoots

▶ **旬　春**
にんにくの花茎を若いうちに切りとったもので、芽と呼ばれるが、茎。

▶ **選び方**
しっかりして張りがある。切り口がしなびていない。

▶ **栄養**
ビタミンA・C、食物繊維が多い。にんにく特有のにおい成分は、ビタミンB_1の体内への吸収をよくし、免疫力を高める働きも。

▶ **保存** (→p.188)
ポリ袋に入れてなるべく立てて野菜室に。ゆでて冷凍できる。

▶ **調理のヒント**
味や色、歯ごたえを生かすには、加熱しすぎない。

⬆ にんにくの芽と牛肉の中華いため
手早くいためるのがコツです

材料 (2人分)
にんにくの芽…1・1/2束(150g)
牛もも肉(焼肉用)…100g
A ⎧ しょうゆ ……小さじ1
　 ⎨ 酒 …………小さじ1
　 ⎩ かたくり粉 ……小さじ2
赤とうがらし ………1本
B ⎧ オイスターソース…大さじ1
　 ⎩ 酒……………………大さじ1
サラダ油……………大さじ1

作り方
❶ 肉は3〜4cm長さに切り、Aを順にもみこみます。
❷ にんにくの芽は4cm長さに切ります。赤とうがらしは種をとり、小口切りにします。
❸ 大きめのフライパンに油を熱し、赤とうがらしと肉をいためます。肉の色が変わったら、にんにくの芽を加えていため、Bで調味します。

▶ **100gはこのくらい**

副菜 15分 73kcal

にんにくの芽といかの コチュジャンあえ
相棒は白身魚の刺し身やたこでも

材料（2人分）
にんにくの芽 ……… 1束（100g）
いかの刺し身* …… 50g
A ┌ コチュジャン … 大さじ1
　├ 砂糖 ………… 小さじ1
　├ しょうゆ …… 小さじ1/2
　└ レモン汁 …… 大さじ1/2

＊刺し身は、かたまりなら細く切り、糸づくりならそのまま使えます。

作り方
① にんにくの芽は3cm長さの斜め切りにします。
② 熱湯でにんにくの芽を30秒ほどゆでます。いかに熱湯をかけます。
③ ボールにAを合わせます。にんにくの芽といかをあえます。

主菜 15分 125kcal

にんにくの芽とほたての バター焼き
食べる直前にいためてバターの香りよく

材料（2人分）
にんにくの芽 ……… 1・1/2束（150g）
ベビーほたて（蒸したもの）… 100g
しいたけ ………… 3個
バター …………… 10g
A ┌ 酒 …………… 大さじ1
　├ 塩 …………… 小さじ1/4
　└ こしょう …… 少々

作り方
① にんにくの芽は4cm長さの斜め切りにします。
② しいたけは軸をとり、3〜4つのそぎ切りにします。
③ フライパンにバターを溶かし、ほたて、にんにくの芽、しいたけを順に加えていためます。野菜に油がまわったら、Aで調味します。

ねぎ
long onion

- ▶ 旬　冬
- ▶ 種類

関東では根の白い部分を食べる根深ねぎ、関西では緑の葉を食べる葉（青）ねぎが好まれてきた。わけぎはたまねぎとの雑種で、葉がやわらかい。万能ねぎは葉ねぎを若どりしたもの。

- ▶ 選び方

根深ねぎは白くつややかで葉との境がはっきりしているもの。葉ねぎは張りがあり、緑色が鮮やかなもの。

- ▶ 栄養

辛味の成分に血行促進、殺菌、抗酸化作用がある。

- ▶ 保存（→p.188）

泥つきは、袋のまま立てて冷暗所に。洗ってあるものは、適当な長さに切ってポリ袋に入れ野菜室に。小口切りにして冷凍もできる。

- ▶ 調理のヒント

生食で辛味をとりたい場合は水にさらす。水にさらすとシャキッとする。

- ▶ 100gはこのくらい

25分
副菜
173kcal

↑ ねぎととり肉の焼きびたし
ねぎを長いまま焼けば、網から落ちずに焼きやすい

材料（2人分）
- ねぎ（根深ねぎ）……………2本（200g）
- とりむね肉 ………………100g
- （あれば）赤ピーマン（小・薄切り）
- ……………………………少々
- A ┏ しょうゆ ……………大さじ1
- 　┃ 白ワイン ……………大さじ1
- 　┗ サラダ油 ……………大さじ1

作り方
1. ねぎは緑の部分を切り落とし、グリルに入る長さに切ります。
2. 肉は食べやすい大きさのそぎ切りにします。
3. ボールにAを合わせます。
4. 中火のグリルで、ねぎ、肉を焼きます。
5. ねぎに焼き色がついたら、5cm長さに切ってAにつけます。肉も焼けたらAにつけます。10分ほどおいて味をなじませます。
6. 器に盛り、赤ピーマンを飾ります。

ねぎの肉あんかけ
せん切りはよく切れる包丁で

材料（2人分）
ねぎ（根深ねぎ）…1本（100g）
豚ロース肉（薄切り）…100g
豆板醤（トーバンジャン）………小さじ1/2
A ┌ 甜麺醤（テンメンジャン）………大さじ1
  │ しょうゆ ……大さじ1/2
  └ 酒…………大さじ2
サラダ油………大さじ1

作り方
❶ ねぎは4〜5cm長さに切って、せん切りにします（白い部分は切り開いて芯を除き、外側を上にして平らにし、端から切る）。水にさらし、水気をきります。
❷ 豚肉は1cm幅に切ります。Aは合わせます。
❸ フライパンに油を熱し、豆板醤、豚肉を入れていためます。肉の色が変わったらAを加え、からめます。
❹ ねぎを盛りつけ、熱々の③をかけます。

20分 / 主菜 / 240kcal

わけぎのぬた
葉の中のぬめりはしごいてとります

材料（2人分）
わけぎ……1/2束（100g）
ちくわ…小1本
酢みそ ┌ みそ………大さじ1
       │ 砂糖………大さじ1
       │ 酢…………大さじ1
       └ 練りがらし…小さじ1/2

＊青柳や貝のむき身もよく合います。

作り方
❶ わけぎは根元と葉先を1cmほど切り落とし、熱湯で1分ほどゆでます。ざるにとってさまし、包丁の背で葉をしごいて中のぬめりをとり出します。3cm長さに切ります。
❷ ちくわは縦半分に切り、端から斜め薄切りにします。
❸ 酢みその材料を合わせて①②をあえます。

＊白みそを使う場合は、白みそ大さじ1・1/2、砂糖大さじ1/2、酢大さじ1、練りがらし小さじ1/2に。

10分 / 副菜 / 66kcal

豚しゃぶの小ねぎがけ
ねぎはどっさりかけても食べてしまいます

材 料 (2人分)
豚しゃぶしゃぶ用肉…200g
しょうが……………1かけ(10g)
万能ねぎ……………1/2束(50g)
A ┃ しょうゆ…………大さじ2
　 ┃ みりん……………大さじ2
　 ┃ 酒…………………大さじ2
すりごま(白)………大さじ1

作り方
① 万能ねぎは小口切りに、しょうがは薄切りにします。
② 小鍋でAを1度煮立て、ボールにあけてごまを加えます。
③ 鍋に3カップほどの湯をわかし、しょうがを加えて、肉を1切れずつ入れます。肉の色が変わったら、水気をきって②につけます。
④ 器に盛り、ねぎをたっぷりのせます。混ぜて食べます。

15分
主菜
324kcal

ねぎのごま酢あえ
ねぎの辛味を甘いごま酢が中和

材 料 (2人分)
ねぎ(根深ねぎ)………1本(100g)
油揚げ………………1枚(25g)
A ┃ すりごま(白)……大さじ2
　 ┃ 酢…………………大さじ1・1/2
　 ┃ 砂糖………………大さじ1/2
　 ┃ 塩…………………小さじ1/3

作り方
① ねぎは4～5cm長さに切り、芯を除いて、せん切りにします(芯は汁の実や薬味に)。水にさらして、水気をきります。
② 油揚げは、フライパンかグリルで焼き、表面がカリッと焼けたら、縦半分に切って細切りにします。
③ Aを合わせ、ねぎと油揚げをあえます。

15分
副菜
92kcal

はくさい
Chinese cabbage

▶ **旬** 冬

▶ **選び方**
先端の葉がしっかりと巻いていて、重いもの。中心部の葉が黄色いほうが甘味がある。

▶ **栄養**
ビタミンCを含む。鍋ものなどにして量を多くとれるので、食物繊維源にも。

▶ **保存**（→p.188）
丸ごとのものは、新聞紙に包み冷暗所に。カットされたものはポリ袋に入れて野菜室で。立てた状態がよい。

▶ **調理のヒント**
軸の部分と葉ではかたさが異なるので、加熱調理なら、切り方や加熱時間に差をつける。

▶ **100gはこのくらい**

40分 / 主菜 / 364kcal

はくさいのスープ煮
下ゆでするとかさが減って扱いやすい。
ゆで汁も使って、うま味充分

材料（2人分）
- はくさい ……… 1/4株（500g）
- しいたけ ……… 1パック（100g）
- しょうが ……… 大1かけ（15g）
- 豚ばら肉（薄切り）…150g
- 水 ……………… カップ2・1/2
- A ┌ 固形スープの素…1個
　　├ 酒 ………… カップ1/4
　　└ 塩 ………… 小さじ1/4
- こしょう ……… 少々

作り方

❶ はくさいは軸と葉に切り分けます。分量の水を沸とうさせ、軸、葉の順に入れて2〜3分ゆでてとり出します。ゆでた汁にAを入れて溶かします。

❷ はくさいの軸は3〜4cm長さのそぎ切りに、葉は同じ長さに切ります。しいたけは石づきを除いて5mm幅に切り、しょうがはせん切りにします。豚肉は4〜5cm長さに切ります。

❸ 厚手の鍋に、〈はくさい〉の層と、〈豚肉・しょうが・しいたけ〉の層を交互に重ね、いちばん上をはくさいにします。①のスープをそそいで強火にかけ、沸とうしたらアクをとってふたをし、弱火で約20分煮ます。

❹ 味をみて、塩少々（材料外）でととのえ、こしょうをふります。ざっと切り分けて盛りつけます。

はくさいと厚揚げのいため煮
ごはんにのせて丼にもできます

材料（2人分）

はくさい …200g
厚揚げ（生揚げ）
　　……1/2枚（100g）
きくらげ …2個
干しえび…10g
ごま油……大さじ1/2

A ┃ 水……カップ1/2
　 ┃ 中華スープの素
　 ┃ 　　…小さじ1/2
　 ┃ 酒……大さじ1
　 ┃ 塩……小さじ1/4

B（かたくり粉大さ
　 じ1/2　水大さじ1）

作り方

❶ 干しえびは水カップ1/4（材料外）に20分ほどつけてもどし、もどし汁はとりおきます。きくらげは水でもどし、2～3つに切ります。
❷ はくさいは3cm長さ4cm幅に切ります。厚揚げは縦半分に切って7～8mm幅に切ります。
❸ ABはそれぞれ合わせます。
❹ 大きめのフライパンに油を熱し、はくさいを軸、葉の順に加えて中火でいためます。A、厚揚げ、きくらげ、干しえびともどし汁を加えて5分煮ます。Bでとろみをつけます。

30分　主菜　149kcal

はくさいととり肉のクリーム煮
はくさいの甘くやさしい味がたっぷり

材料（2人分）

はくさい ……200g
たまねぎ ……1/4個（50g）
とりむね肉 …100g
　塩・こしょう…各少々
バター………10g
（かたくり粉小さじ1
　水小さじ2）

A ┃ 水……カップ1/4
　 ┃ スープの素
　 ┃ 　　…小さじ1/2

B ┃ 牛乳……カップ1/2
　 ┃ 塩……小さじ1/4
　 ┃ こしょう…少々

作り方

❶ はくさいは3cm長さに切って、軸と葉に分けます。たまねぎは薄切りにします。
❷ 肉は2cm角に切り、塩、こしょうをふります。
❸ 大きめのフライパンにバターを中火で溶かし、たまねぎをいためます。とり肉、はくさいの軸、葉の順に加えて1～2分いためます。
❹ Aを加えてふたをし、弱火で7～8分煮ます。Bを加え、ひと煮立ちしたら、水どきかたくり粉を加えてとろみをつけます。

20分　主菜　198kcal

はくさいとささみのピリ辛ごまあえ
電子レンジで作れるおかずです

材料（2人分）

はくさい ……150g
とりささみ …1本（50g）
A ｛ 酒・水 …各小さじ1
　　塩………少々
B ｛ すりごま（白）
　　……大さじ1・1/2
　　しょうゆ …大さじ1/2
　　砂糖 ……小さじ1/2
　　みりん ……小さじ1
　　豆板醤（トーバンジャン）…小さじ1/2
　　ごま油 ……小さじ1

作り方

❶ はくさいは洗って、水気がついたままラップで包み、電子レンジで2～3分加熱（500W）します。1cm幅に切って水気をしぼります。

❷ ささみは皿にのせ、Aをふります。ラップをして電子レンジで約2分加熱します。さめたら、細くさきます。

❸ Bを合わせ、はくさいとささみをあえます。

15分
副菜
弁当
88kcal

水キムチ
白っぽい部分で作るほうが色がきれい

材料（2人分）

はくさい …100g
だいこん …100g
　塩………大さじ1/2
りんご …1/4個（50g）
にんにく …小1片（5g）
しょうが …小1かけ（5g）
A ｛ つけ汁
　　水………350ml
　　ごはん…大さじ1/2
B ｛ 砂糖……小さじ1/2
　　塩………小さじ3/4

作り方

❶ はくさいは縦半分、2cm幅に切ります。だいこんは薄いいちょう切りにします。合わせて塩をまぶし、約30分おきます。

❷ 小鍋にAを入れて火にかけ、煮立ったら弱火で3分ほど煮ます。水が白っぽくなったら、ゆで汁をこし、汁にBを加えてさまします。

❸ りんごは皮つきの薄いいちょう切りにします。にんにく、しょうがは薄切りにします。

❹ ①の水気をしぼり、③と一緒に、②に加えます。ラップをして常温に1日おきます。密閉容器に移し、冷蔵庫に1～2日おいて、酸味が出てきたら食べられます。

40分*
副菜
41kcal

＊漬け時間は除く

はくさいの即席漬け
20分ほどで漬かります

材料（2人分）
はくさい ……… 150g
きざみこんぶ … 1g
赤とうがらし … 1cm
ゆず（またはレモン）… 20g
A ┌ 塩 …… 小さじ1/2
　 └ 酢 …… 小さじ1/2

作り方
① はくさいは、軸は4cm長さ、2cm幅に切り、葉は2cm長さのざく切りにします。
② きざみこんぶはさっと洗い、3cm長さに切ります。赤とうがらしは小口切りにします。ゆずは薄いいちょう切りにします。
③ ボールに①②を入れ、Aを加えてもみます（最初はやわらかく、徐々に強くもむ）。しんなりしたら、皿4～5枚の重しをのせ、20分ほどおきます。
④ 水気をしぼって盛りつけます。

はくさいの甘酢漬け
中国風の味で、しょうががアクセント

材料（2人分）
はくさい ……… 150g
しょうが ……… 小1かけ（5g）
塩 …………… 小さじ1/2
A ┌ 砂糖 …… 大さじ1
　│ 酢 ……… 大さじ2
　│ 塩 ……… 小さじ1/8
　│ ごま油 … 小さじ1
　└ 赤とうがらし（種をとる）… 1/2本

作り方
① はくさいは5cm長さ1cm幅に切ります。しょうがはせん切りにします。
② ボールに①を入れ、塩をふって軽くもみます。皿4～5枚の重しをして、しんなりするまで15分ほどおきます。
③ ②の水気をしぼります。小鍋でAをひと煮立ちさせて砂糖を溶かし、②に混ぜます。

136

はくさいとりんごのサラダ
はくさいを塩水につけてしんなりさせます

■材料（2人分）
はくさい…100g
A ｛ 水……カップ1・1/2
　　 塩……小さじ1 ｝
卵………1個
ハム……2枚
りんご…1/6個（50g）

マヨネーズチーズソース
｛ マヨネーズ
　　……大さじ1・1/2
　粉チーズ…大さじ1/2
　酢………大さじ1/2
　塩・こしょう…各少々 ｝

■作り方
① 卵は水からゆで、沸とう後、弱火で10分ゆでて、縦4つに切ります。
② はくさいは、軸はひと口大のそぎ切りにし、葉はちぎります。Aに10分ほどつけてうすい塩味をつけ、水気をしぼります。
③ ハムは6～8つに切り、りんごは皮つきで薄いいちょう切りにします。
④ ソースの材料を合わせます。
⑤ ①～③を盛り合わせ、ソースをかけます。

20分
副菜　弁当
167kcal

はくさいの海鮮サラダ
はくさいを生で食べます

■材料（2人分）
はくさい……………150g
かいわれだいこん………1/2パック（20g）
白身魚の刺し身＊………100g
ドレッシング ｛ しょうゆ…大さじ1
　　　　　　　酢………大さじ1
　　　　　　　練りわさび…小さじ1/2
　　　　　　　サラダ油…大さじ1/2 ｝

＊写真の刺し身はかんぱち。はまち、たい、赤貝、ほたてなどでも。

■作り方
① はくさいは4～5cm長さに切ります。軸は端から薄切りに、葉はひと口大にちぎります。かいわれは根元を除き、はくさいと一緒に冷水に放し、パリッとさせます。
② 魚はさくなら、薄切りにします。
③ ドレッシングの材料を合わせます。
④ ①の水気をきります。刺し身と盛り合わせ、ドレッシングをかけます。

15分
副菜
111kcal

ピーマン
bell pepper

- 旬　夏
- 種類

一般的な緑のピーマンは中型種。大型種は熟していて、赤・オレンジ・黄色などがある。緑色より赤系のほうが甘味は強い。

- 選び方

色鮮やかで光沢があり、へたの切り口が新しいもの。

- 栄養

カロテンが豊富。赤ピーマンは特にビタミンC・Eが多い。ピーマンのビタミンCは加熱の損失が少ない。熟して増える赤色色素カプサンチンは抗酸化作用が強い。

- 保存（→p.188）

ポリ袋に入れて野菜室で。生のまま細切りで冷凍できる（少しゆでたような食感になる）。

- 調理のヒント

ゆでたり、油で調理するとにが味がうすらぐ。

25分　主菜　弁当　329kcal

ピーマンの肉詰め

内側に粉をふっておくと、肉がはがれにくくなります

材料（2人分）

ピーマン（形がよいもの） …………2個(80g)

A
- 豚ひき肉（赤身）…120g
- たまねぎ……1/4個(50g)
- パン粉………大さじ2
- 卵……………1/2個
- 塩…………小さじ1/8
- こしょう……少々

小麦粉………大さじ1/2
パン粉………大さじ2
サラダ油……大さじ2
トマトケチャップ…大さじ1
レタス・ベビーリーフなど 少々

作り方

❶ ピーマンは縦半分に切り、種を除きます。たまねぎはみじん切りにします。
❷ ボールにAの材料を合わせてよく混ぜ、4等分にします。
❸ ピーマンの内側に小麦粉を茶こしで薄くふって、肉を詰めます。肉の表面にパン粉をつけます。
❹ フライパンに油を中火で熱し、③をパン粉側を下にして入れます。1分ほど焼いたら弱火にし、ふたをして3〜4分焼きます。焼き色がついたら裏返して2〜3分焼きます。
❺ 器に盛り、ケチャップとレタスなどを添えます。

- 100gはこのくらい

青椒肉絲（チンジャオロースー）
細切りは縦でも横でも、切りやすい向きで

材料（2人分）
ピーマン ……… 2個(80g)
牛もも肉(薄切り)… 80g
A ┃塩・こしょう… 各少々
　┃酒 ……… 小さじ1
　┃かたくり粉… 小さじ1/2
　┃サラダ油 … 小さじ1/2
ゆでたけのこ… 50g
ねぎ ……… 5cm(10g)
サラダ油… 小さじ2
B ┃オイスターソース
　┃　　… 大さじ1
　┃酒…… 大さじ1

作り方
① ピーマンは縦半分に切って種を除き、細く切ります。たけのこも4〜5cm長さの細切りにします。ねぎはみじん切りにします。
② 牛肉もピーマンと同様に細く切ります。Aを順にもみこみます。
③ 大きめのフライパンに油を弱火で温め、肉をほぐしながらいためます。肉の色が変わったら中火にし、たけのこ、ピーマン、ねぎを順に加えながらいためます。
④ ピーマンがしんなりしてきたら、Bを加えて混ぜます。

15分　主菜　弁当　163kcal

イタリア風焼きピーマン
焼いた皮をむきとると、身は甘くなっています

材料（2人分）
赤ピーマン(大) ……… 1個(150g)
黄ピーマン(大) ……… 1個(150g)
(あれば)チャービル… 少々
A ┃酢……… 大さじ1
　┃オリーブ油 ……… 大さじ2
　┃塩……………… 小さじ1/4
　┃砂糖・こしょう … 各少々

作り方
① ピーマンは縦4つに切り、へたと種を除いて、グリルで、皮側を皮が黒くこげるまで8〜10分焼きます。裏返して1〜2分焼きます。さっと水につけてから皮をむき、さらに縦半分に切ります。(焼き網なら、丸ごと焼いても)
② Aを合わせ、①をつけて冷やします。

15分　副菜　弁当　137kcal

ピーマンとじゃこのいため煮
油いためで青くささがとれます

材料（2人分）
ピーマン…3個（120g）
ちりめんじゃこ………大さじ2
サラダ油…大さじ1/2
A ┤ しょうゆ……大さじ1/2
   └ みりん…大さじ1/2

作り方
① ピーマンは縦半分に切り、種を除きます。2〜3cm大の乱切りにします。
② 鍋に油を中火で温め、じゃこをいためます。ピーマンを加え、油がなじむまで1〜2分いためます。Aを加え、混ぜながら汁気がなくなるまでいためます。

10分 / 副菜 / 弁当 / 75kcal

ピーマンとわかめのいり煮
わかめを加えてジャッと勢いよくいためます

材料（2人分）
ピーマン……………2個（80g）
わかめ（乾燥）*………2g
しょうが……………小1かけ（5g）
ごま油………………小さじ1
A ┤ 水………………大さじ1
   └ みりん・しょうゆ…各大さじ1/2

＊塩蔵わかめなら10g。

作り方
① ピーマンは縦半分に切り、種を除きます。横にして1cm幅の細切りにします。
② わかめは水でもどして水気をしぼり、食べやすい長さに切ります。しょうがはせん切りにします。
③ 鍋にごま油を中火で熱し、ピーマンをいためます。油がなじんだら、しょうが、わかめ、Aを加えていため煮にします。わかめがつやよくなったら、火を止めます。

10分 / 副菜 / 弁当 / 42kcal

ピーマンのアンチョビいため
酒のつまみにもなる、かんたんいため

材料（2人分）
- ピーマン……2個(80g)
- 赤ピーマン(小)……1個(40g)
- にんにく……1片(10g)
- アンチョビ……5g(1〜2枚)
- A
  - オリーブ油……大さじ1/2
  - 塩……小さじ1/8
  - こしょう……少々
- 松の実……小さじ1〜2

作り方
1. ピーマンは縦6〜8等分に切り、種を除きます。にんにくは薄切りにします。
2. 松の実は軽くいります。
3. フライパンに油とにんにくを入れて中火でいため、色づき始めたら、ピーマンを加えていためます。しんなりしたらアンチョビを加え、ほぐしながらいためます。味をみてAで味をととのえます。
4. 器に盛り、松の実を散らします。

10分 / 副菜 / 71kcal

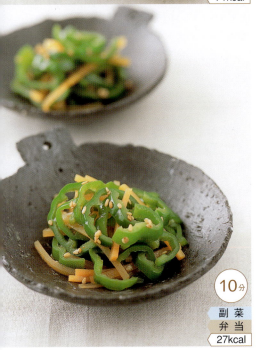

ピーマンのピリ辛あえ
ゆでて青くささをやわらげます

材料（2人分）
- ピーマン……2個(80g)
- にんじん……30g
- A
  - 水……カップ1
  - 塩……小さじ1/2
- B
  - いりごま(白)……小さじ1/2
  - しょうゆ……小さじ1/2弱
  - ごま油……小さじ1/2
  - 韓国粉とうがらし*……少々

＊日本のものよりも辛味がマイルドです。一味や七味とうがらしを使っても。

作り方
1. ピーマンは縦半分に切り、種を除きます。横にして、4〜5mm幅に切ります。にんじんはピーマンより細く切ります。
2. 鍋にAを煮立て、にんじん、ピーマンの順にさっとゆでます。ざるにとって水気をきります。
3. ボールにBを合わせ、野菜をあえます。

10分 / 副菜 / 弁当 / 27kcal

ふき
Japanese butterbur

- ▶ **旬** 春
- ▶ **選び方**
  明るい黄緑色。茎がしっかりしていてしなりにくい。切り口が新鮮。
- ▶ **栄養**
  食物繊維が豊富。
- ▶ **保存**（→p.188）
  買ってきたらなるべく早く使う。生で保存する場合は、葉を落とし、適当な長さに切ってポリ袋に入れ、野菜室に。ゆでたふきは水につけて冷蔵し、水をかえて1～2日で食べる。
- ▶ **調理のヒント**
  ・アクが強いので、下ゆでをしてから使う。
  ・葉はアクが強いが、ごく若い葉なら食べられる。ゆでて水に1時間以上さらしてから調理。

30分*
副菜 弁当
84kcal
*つけおき時間は除く

ふきと高野どうふの含め煮
ふきはなるべく加熱しないで、緑色をきれいに仕上げます

材料（2人分）
- ふき……2本（100g）
- 塩……小さじ1/2
- 高野どうふ……1個（20g）
- 木の芽……適量
- A
  - だし……カップ1・1/2
  - 砂糖……大さじ1/2
  - うすくちしょうゆ……大さじ1
  - 酒・みりん……各大さじ1

作り方
1. ふきを下ゆでします（下写真）。
2. ふきは4～5cm長さに切ります。高野どうふは、たっぷりの湯につけてもどします（袋の表示にしたがってください）。6等分に切ります。
3. 鍋にAを煮立て、ふきを加え、再び沸とうしたらとり出します。続いて高野どうふを入れてふたをし、弱火で約15分、煮汁が半分くらいになるまで煮ます。ボールに汁ごとあけ、そのまま さまします。
4. ③の高野どうふと汁がさめたら、ふきも加え、1～2時間おいて味を含ませます。器に盛って木の芽を飾ります。

ふきの下ゆで
1. 葉を落とします。鍋の直径に合わせて長さを切りそろえます。まな板の上で塩をふり、手でころがします（板ずり）。塩の分量は200gに対して小さじ1程度。 2. 塩がついたまま、熱湯に入れて1～2分ゆでます。 3. 水にとり、手で皮をむきます。皮の端を一周むき、まとめて引くと一気にとれます。

▶ **100gはこのくらい**

ふきのサラダ
きれいな色と歯ごたえを楽しみます

材料 （2人分）
ふき(ゆでたもの)………1〜2本(80g)
卵……………………………1個
ソース ┏ マヨネーズ…大さじ1・1/2
　　　 ┃ 練りわさび…小さじ1/4
　　　 ┗ 酢……………小さじ1

作り方
① 下ゆでしたふきを、4〜5cm長さの斜め薄切りにします。
② 卵をゆでます(水からゆで、沸とう後弱火で約12分)。黄身はほぐし、白身はあらみじん切りにします。
③ ソースを合わせます。ふきを盛りつけてソースをかけ、卵を散らします。

20分 / 副菜 / 110kcal

ふきと油揚げの煮もの
ほろにがくておいしい、昔ながらの味

材料 （2人分）
ふき(ゆでたもの)…3〜4本(200g)
油揚げ………………1枚(25g)
A ┏ だし……………カップ1
　┃ 砂糖……………大さじ1/2
　┗ しょうゆ・酒…各大さじ1
サラダ油……………大さじ1/2

作り方
① 下ゆでしたふきを4cm長さに切ります。油揚げは熱湯をかけて油抜きし、縦半分に切って2cm幅に切ります。
② 鍋に油を熱し、ふきを中火で2〜3分いためます。Aと油揚げを加え、沸とうしたら、ふたをして弱めの中火にし、煮汁が少なくなるまで17〜18分煮ます。

25分 / 副菜 弁当 / 110kcal

25分
主菜
293kcal

ブロッコリー
broccoli

▶ 旬　秋～冬
▶ 選び方
つぼみがかたくしまって重量感のあるもの。つぼみが紫色がかっているのは低温にあったもので、ゆでると緑色になり品質に問題はない。

▶ 栄養
ビタミンC・E、カロテン、食物繊維が豊富。スルフォラファンというがん予防に役立つ成分を含む。

▶ 保存（→p.188）
低温のほうがもつので、冷蔵庫のあればチルド室に。ゆでて冷蔵・冷凍しても。

▶ 調理のヒント
・料理によって、また食べやすさなどを考えて、房の大きさを加減する。
・茎も皮を厚めにむけば食べられる。
・ゆであがりはざるにとり、水っぽくなるので水につけない。

ブロッコリーと牛肉のいためもの
ブロッコリーは味をからめるのがおいしく食べるコツです

材料（2人分）

ブロッコリー	1株（200g）
ねぎ	1/2本（50g）
にんにく	1片（10g）
サラダ油	大さじ1
牛ロース肉（薄切り）	80g

A：
- 酒……小さじ1
- 塩……少々
- かたくり粉……大さじ1/2

B：
- 酒……大さじ1
- 砂糖……小さじ1
- しょうゆ……小さじ1
- オイスターソース……小さじ1

作り方

① ブロッコリーは小房に分け、茎は皮をむいて3cm長さの薄切りにします。ねぎは1.5cm長さのぶつ切りに、にんにくはみじん切りにします。

② 肉は4～5cm長さに切り、Aをもみこんで下味をつけます。Bは合わせます。

③ 大きめのフライパンに油大さじ1/2を熱し、ブロッコリーをさっといためて、熱湯約カップ1/2を入れます。1分ほどゆでてざるにあけます。

④ フライパンに油大さじ1/2をたして、にんにく、ねぎを弱めの中火でいためます。香りが出たら、肉を加えていため、ブロッコリーを混ぜ、Bを加えてからめます。

▶ **100gはこのくらい**

ブロッコリーのオイルパスタ
パスタと一緒にブロッコリーをゆでられます

材料（2人分）
スパゲティ …160g
（湯2ℓ　塩大さじ1）
ブロッコリー
　　　　…小1株(150g)
塩・こしょう …各少々
オリーブ油 …大さじ1
にんにく …1片(10g)
赤とうがらし…小1本
アンチョビ…2枚(8g)

作り方
❶ ブロッコリーは小房に分け、茎は皮をむいて3cm長さの薄切りにします。
❷ にんにくは薄切りに、赤とうがらしは種をとり、アンチョビはざっとつぶします。
❸ 大きめのフライパンに油、にんにく、とうがらしを入れて弱火でいため、にんにくが色づいたら、火を止めてアンチョビを混ぜます。
❹ 分量の湯に塩を入れ、スパゲティを表示の時間ゆでます。ゆであがる2〜3分前にブロッコリーを加えてゆで、一緒にざるにとります。ゆで汁約カップ1/4を残します。
❺ ③を再び火にかけ、ゆで汁、スパゲティとブロッコリーを加えて混ぜます。塩、こしょうをふります。

25分
主食
400kcal

ブロッコリーのチーズ焼き
赤緑黄色がそろい、お弁当もカラフルに

材料（2人分）
ブロッコリー
　　　…小1株(150g)
ミニトマト ……4個
うずら卵(ゆでたもの)
　　　　　　……4個
A ｢マヨネーズ …大さじ1
　 ｣しょうゆ ……少々
B ｢ピザ用チーズ…20g
　 ｣パン粉………大さじ1

＊耐熱皿で2人分、写真のアルミケースで約4個分です。

作り方
❶ ブロッコリーは小房に分け、茎は皮をむいて薄切りにします。洗ったら水気がついたまま皿にのせ、ラップをかけて電子レンジで約1分30秒加熱(500W)します。
❷ トマト、卵は半分に切ります。
❸ ①をAであえて、アルミケースなどに入れ、②をのせてBを散らします。オーブントースターで、4〜5分焼きます。

15分
副菜
弁当
147kcal

ブロッコリーのかにあんかけ
油を加えた湯でゆでると、
つやよくゆであがります

材料（2人分）

ブロッコリー……1株(200g)
かに肉*……40g
しょうが……大1かけ(15g)
卵白……1個分

A ｛ サラダ油……大さじ1
　　塩……大さじ1/2

B ｛ 水……カップ1
　　スープの素……小さじ1
　　酒……大さじ1
　　塩……小さじ1/3

C ｛ かたくり粉……大さじ1/2
　　水……大さじ1

＊かに肉の正味です。冷凍ものや、かに缶詰でも。

作り方

① ブロッコリーは小房に分け、茎は皮をむいて3cm長さの薄切りにします。熱湯にAを入れ、ブロッコリーを2～3分ゆでます。皿に盛りつけます。

② しょうがはせん切りにし、かに肉はほぐし、卵白はほぐします。Cは合わせます。

③ 鍋にBを合わせて煮立て、かに肉、しょうがを加えます。Cを加え、とろみがついたら、卵白を入れてざっと混ぜます。ブロッコリーにかけます。

20分
副菜
131kcal

ブロッコリーの チーズおかかあえ
チーズでうま味をプラス

材料（2人分）

ブロッコリー……小1株(150g)
クリームチーズ……20g

A ｛ けずりかつお……小1パック(4g)
　　しょうゆ……大さじ1/2
　　みりん……小さじ1/2

作り方

① ブロッコリーは房を細かく分けます。茎は皮をむいて2cm長さに切り、薄く切ります。

② ボールにAを合わせます。ブロッコリーを熱湯で1～2分ゆでてざるにとり、熱いうちにAであえます。チーズをあらくきざんで、混ぜます。

10分
副菜
弁当
71kcal

副菜 / 弁当 / 15分 / 147kcal

ブロッコリーの めんたいマヨネーズサラダ
ゆで野菜によく合うソースをかけて

材料（2人分）
ブロッコリー ……1/2株（100g）
じゃがいも………1/2個（80g）
めんたいマヨネーズソース
　からしめんたいこ…小1/2腹（30g）
　マヨネーズ……大さじ2
　酢………………小さじ1/2

作り方
❶ ブロッコリーは小房に分けます。茎は皮をむいて3cm長さに切り、太ければ薄切りにします。じゃがいもは1cm角に切ります。じゃがいもを形がくずれない程度にゆでてとり出し、同じ湯でブロッコリーを2〜3分ゆでます。
❷ めんたいこは中身をとり出し、ソースの材料を混ぜます。
❸ ①を皿に盛り、ソースをかけます。

副菜 / 弁当 / 10分 / 41kcal

ブロッコリーの からしじょうゆあえ
房を細かく分けると、味がよくからみます

材料（2人分）
ブロッコリー ……小1株（150g）
にんじん…………15g
A ┌ 練りがらし …小さじ1
　├ しょうゆ ……小さじ1
　├ みりん ………小さじ1
　└ 酢………………小さじ1

作り方
❶ ブロッコリーは房を細かく分けます。茎は皮をむいて2cm長さに切り、薄く切ります。熱湯で2分ほどゆでます。
❷ にんじんは3cm長さのせん切りにします。
❸ Aを合わせ、①②をあえます。

主菜 310kcal 10分

↑ 常夜鍋（じょうや）
名の由来は毎晩食べても飽きないからとか

材料（2人分）
- ほうれんそう……1束（300g）
- 豚しゃぶしゃぶ用肉…200g
- しょうが……2かけ（20g）
- A
  - 水……カップ3
  - 酒……カップ1
  - 塩……大さじ1/2

作り方
1. ほうれんそうは根元を除き、長さを2～3つに切ります。
2. しょうがは薄切りにします。
3. 鍋にAとしょうがを入れて煮立てます。豚肉を1枚ずつ入れ、ほうれんそうも加え、アクをとります。煮えたところから汁ごと食べます。

＊ぽん酢しょうゆや、しょうが、ねぎなどの薬味で食べてもよいでしょう。

ほ

ほうれんそう
spinach

▶ **旬** 秋～冬
霜にあたると甘味が増すといわれるように、寒い時期がおいしい。

▶ **選び方**
葉がみずみずしくて、つやがある。根元が太すぎず、しっかりしている。

▶ **栄養**
鉄分やカロテン、ビタミンEが豊富。ビタミンCも多く、含有量は冬どりのほうが夏より3倍多い。青菜類には葉酸も多い。

▶ **保存**（→p.188）
ポリ袋に入れて口を折り、野菜室に。ゆでて冷凍できる。

▶ **調理のヒント**
・下ゆでして水にさらすことで、えぐ味がとれる。
・ゆでるときは、根元のかたいほうから入れて、ゆで時間に差をつける。

▶ 100gはこのくらい

主食 弁当 20分 324kcal

ほうれんそうチャーハン
塩でもんで水気をしぼってアクをとります

材料（2人分）

ほうれんそう…1/3束(100g)
　塩…………小さじ1/4
ねぎ（みじん切り）…5cm
えび（殻つき）…2尾(40g)
A ┌ 中国酒（または酒）
　│　………小さじ1/2
　│ かたくり粉…小さじ1/2
　└ 塩…………少々
温かいごはん…300g
B ┌ 中華スープの素
　│　…小さじ1
　│ 塩　…小さじ1/8
　└ こしょう…少々
サラダ油…大さじ1/2
しょうゆ…小さじ1/2

作り方

❶ ほうれんそうは根元を除き、生のまま8mm長さくらいにきざみます。塩をふって5分ほどおいて水気をしぼります。
❷ えびは殻をむき、背わたをとって7〜8mm幅に切ります。Aをもみこみます。
❸ 大きめのフライパンに油を熱して中火でえびをいため、色が変わったら、ごはんを加えてほぐします。
❹ 続いて、B、ほうれんそう、ねぎを加えていため、最後にしょうゆを鍋肌から入れて混ぜます。

副菜 20分 42kcal

ほうれんそうと長いものおひたし
汁気たっぷりで食べやすい

材料（2人分）

ほうれんそう
　…1/2束(150g)
長いも………50g
A ┌ だし………カップ1/2
　│ 塩…………小さじ1/4
　│ みりん……小さじ1
　│ 練りわさび…小さじ1/2
　└ しょうゆ……少々

作り方

❶ ほうれんそうは熱湯でゆで、水にとって水気をしぼります。4cm長さに切ります。
❷ 長いもは皮をむき、3cm長さの細切りにします。
❸ ボールにAを混ぜます。①②をあえて、10分ほどおいて味をなじませます。汁ごと食べます。

ほうれんそうのごまあえ
しょうゆをかけてしぼると、水っぽさがとれます

材料（2人分）

ほうれんそう
　……1/2束(150g)
しいたけ …2個

A ┃ いりごま(白)
　　┃ 　……大さじ3
　　┃ 砂糖……小さじ1
　　┃ しょうゆ…小さじ1
　　┃ だし……大さじ1

作り方

❶ ほうれんそうは熱湯でゆで、水にとって水気をしぼります。しょうゆ小さじ1/4（材料外）をかけて、もう一度しぼります。3cm長さに切ります。

❷ しいたけは石づきをとり、オーブントースターかグリルで焼きます。薄い焼き色がついたら、細く切るか手でさきます。

❸ ごまは鍋で1分ほどいってから、すり鉢があればざっとすり混ぜて（なければ包丁であらくきざんで）、Aを合わせます。ほうれんそうとしいたけをあえます。

15分
副菜
弁当
78kcal

ほうれんそうのにんにくいため
油でいためてからゆでて、色つやよく

材料（2人分）

ほうれんそう ……1束(300g)
A（サラダ油大さじ1/2　塩小さじ1）
焼き豚（またはハム）の薄切り…2枚(20g)
にんにく …………1片(10g)
サラダ油…………大さじ1/2
塩・こしょう………各少々

作り方

❶ ほうれんそうは根元を除き、5cm長さに切ります。にんにくは薄切りにします。焼き豚は2cm幅に切ります。

❷ 大きめのフライパンにAの油を熱して塩を入れ、ほうれんそうを茎、葉の順に加えて軽くいためます。熱湯約カップ1を加え、ひと煮立ちしたらざるにとり、水気をきります。

❸ フライパンに油とにんにくを入れて弱火でいため、焼き豚、ほうれんそうを加えてざっと混ぜます。塩、こしょうをふります。

15分
副菜
128kcal

ほうれんそうチャンプルー
和風の味のいためもの

材料 (2人分)
- ほうれんそう …… 小1束 (200g)
- 豚ばら肉 (薄切り) …… 80g
- もめんどうふ …… 1/2丁 (150g)
- けずりかつお …… 3g
- A
  - 酒 …… 大さじ1
  - しょうゆ …… 大さじ1/2
  - 塩 …… 小さじ1/4
- 卵 …………… 1個
- サラダ油 …… 大さじ1/2

作り方
1. ほうれんそうは熱湯でゆで、水にとって水気をしぼり、4cm長さに切ります。
2. とうふはペーパータオルに包んで電子レンジで2～3分加熱 (500W) し、水気をきります。
3. 肉は2cm長さに切ります。卵はほぐします。
4. フライパンに油を熱して強火で肉をよくいため、とうふを手であらくくずしながら入れます。
5. とうふに焼き色がついたら中身をフライパンの端に寄せ、あいているところでいり卵を作ります。①を加えて全体を混ぜ、Aとけずりかつおを混ぜます。

15分 / 主菜 / 弁当 / 305kcal

ほうれんそうサラダ
サラダ用はアクが少ない品種

材料 (2人分)
- サラダ用ほうれんそう … 1束 (100g)
- ミニトマト …………… 2個
- 生ハム …………… 4枚
- ソース
  - マヨネーズ …… 大さじ1
  - プレーンヨーグルト … 大さじ1
  - 白ワイン …… 小さじ1
  - にんにく……… 少々 (2g)
  - 塩 ……………… 少々

作り方
1. ほうれんそうは根元を除き、4～5cm長さに切ります。ミニトマトは4つくらいの輪切りにします。ハムは3～4cm長さに切ります。
2. にんにくをすりおろすかみじん切りにし、ソースの材料を混ぜます。
3. ①を盛り合わせ、ソースをかけます。

10分 / 副菜 / 102kcal

みず菜
mizuna

▶ **旬** 冬

京野菜として有名。昔は大株の路地栽培だったが、今は小株で水耕栽培のものが多く出回っている。

▶ **選び方**

葉先までピンとしているもの。茎が変色しているものは避ける。

▶ **栄養**

鉄、カルシウム、カロテン、ビタミンCと栄養価は高い。

▶ **保存**（→p.188）

ポリ袋に入れて野菜室に。食べやすく切って、生で冷凍できる。ゆでて冷凍すると筋っぽい。

▶ **調理のヒント**

シャキシャキ感を生かすために、加熱は短時間で。

40分　主菜　380kcal

↑ はりはり鍋

はりはりはシャキシャキした歯ざわりから。
昔は鯨肉、今は豚肉や鴨肉で作られます

材料（2人分）

みず菜 …………1束(200g)	水 …………カップ4
豚ロース肉(薄切り)…200g	こんぶ……5cm
油揚げ……………2枚(50g)	酒 …………カップ1/4
	しょうゆ …大さじ1
	塩 …………小さじ1

作り方

❶ 土鍋に分量の水とこんぶを入れ、30分以上おきます。
❷ みず菜は根元を除き、長さを3等分に切ります。
❸ 油揚げは熱湯をかけて油抜きし、5mm幅の細切りにします。豚肉は長さを半分に切ります。
❹ 土鍋を中火にかけ、沸とう前にこんぶをとり出して、調味料で味をととのえます。②③を加えて軽く火を通し、汁ごと食べます。煮ながら食べてもよいでしょう。

▶ **100gはこのくらい**

みず菜ととうふの和風サラダ
みず菜は、和の食材や味がぴったり合う

材料（2人分）
- みず菜……………1/2束（100g）
- もめんどうふ……2/3丁（200g）
- 釜揚げ桜えび……大さじ2
- ドレッシング
  - しょうゆ………大さじ1
  - みりん…………大さじ1
  - 酢………………大さじ1・1/2
  - しょうが汁……小さじ1
  - サラダ油………小さじ1

作り方
1. とうふはざるにのせ、自然に水気をきります。ドレッシングの材料を混ぜます。
2. みず菜は根元を除き、3～4cm長さに切ります。
3. みず菜を器に盛りつけ、とうふをくずしてのせ、桜えびを散らします。ドレッシングをかけて食べます。

15分　副菜　137kcal

みず菜とたこの中国風サラダ
切るだけの手軽さでサラダに使いやすい

材料（2人分）
- みず菜……………1/2束（100g）
- ねぎ………………8cm
- ゆでだこ…………100g
- ドレッシング
  - しょうゆ………大さじ1/2
  - 酢………………大さじ1
  - 砂糖……………小さじ1/4
  - 豆板醤（トーバンジャン）…小さじ1
  - ごま油…………大さじ1/2

作り方
1. みず菜は根元を除き、3～4cm長さに切ります。
2. ねぎは4cm長さに切り、芯を除いてせん切りにします。水にさらして水気をきります。
3. たこは薄いそぎ切りにします。
4. ドレッシングの材料を混ぜ、全部をあえます。

15分　副菜　97kcal

みず菜の煮びたし
みず菜の出身地京都のおばんざい

材料（2人分）
- みず菜………1/2束（100g）
- 油揚げ………1枚（25g）
- 七味とうがらし…少々
- A
  - だし………カップ1/2
  - 酒…………大さじ1
  - みりん………大さじ1/2
  - しょうゆ……大さじ1/2
  - 塩…………小さじ1/8

作り方
1. みず菜は根元を除き、4〜5cm長さに切ります。
2. 油揚げは熱湯をかけて油抜きし、縦半分に切って1cm幅の細切りにします。
3. 鍋にAを煮立て、油揚げを1分ほど煮ます。みず菜を加え、混ぜながら2〜3分煮て火を止めます。煮汁ごと盛りつけます。七味をふります。

10分 / 副菜 弁当 / 68kcal

みず菜の即席漬け
ほのかなにが味と歯ざわりのよさが美味

材料（2人分）
- みず菜………1/2束（100g）
- にんじん………10g
- しょうが………小1かけ（5g）
- きざみこんぶ…3g
- 酒…………大さじ1/2
- 塩…………小さじ1/4

作り方
1. みず菜は根元を除き、3〜4cm長さに切ります。にんじんは4cm長さのせん切りにします。しょうがもせん切りにします。
2. きざみこんぶはさっと洗い、3cm長さに切ります。
3. ボールに①②を合わせ、酒と塩をふって手でもみます。皿3〜4枚の重しをのせ、30分ほどおきます。
4. 水気をしぼって盛りつけます。

40分 / 副菜 弁当 / 18kcal

みつば
trefoil

▶ **旬** 冬

▶ **種類**
ウレタンに種をまいて育てる糸みつば、光をさえぎって育てる切りみつば、土寄せして葉が出たら根ごと収穫する根みつばがある。

▶ **選び方**
全体に張りがあってみずみずしいもの。

▶ **栄養**
香りの成分に神経を鎮める働きがある。

▶ **保存**（→p.188）
しおれやすいので、ポリ袋か買ったパックのまま野菜室に。スポンジが乾いていたら水を含ませる。ゆでても冷凍には向かない。

▶ **調理のヒント**
・生で使うか、加熱は短くして香りを生かす。かたい茎だけを加熱しても。
・根みつばは全体を手早く加熱調理。根はきれいに洗ってきんぴらにできる。

▶ **40gはこのくらい**

15分 / 主菜 弁当 / 271kcal

↑ 根みつばのいためもの
香りと歯ごたえがみずみずしいおかず

材料（2人分）
根みつば……………1束（200g）
豚ばら肉（薄切り）…100g
サラダ油……………大さじ1
しょうゆ ……………小さじ2
酒……………………小さじ1

作り方
❶ 根みつばは根元を落とし、葉と茎に切り分けます。茎は4〜5cm長さに切り、太い茎は縦半分に切ります。
❷ 豚肉は5cm長さに切ります。
❸ 大きめのフライパンに油を熱して肉をいためます。脂が出てきたら、みつばの茎、葉を順に加えていためます。しょうゆと酒で調味します。

みつばの卵とじ
朝のひと皿にもなるかんたん料理

材料 (2人分)

- 糸みつば …スポンジ2個 (40g)
- 焼き麩* …8個 (10g)
- 釜揚げしらす …… 大さじ2 (20g)
- 卵 …………… 2個
- A
  - だし ……… カップ1/2
  - 酒・みりん … 各大さじ1
  - しょうゆ …… 大さじ1/2
  - 塩 …………… 少々

＊形によって小町麩、観世麩などの種類があります。同様に使えます。

作り方

1. みつばは葉と茎に切り分け、茎は3cm長さに切ります。
2. 麩は水につけてもどし、水気をしぼります。卵はほぐします。
3. 鍋にAを煮立て、麩、みつばの茎、しらす、みつばの葉の順に広げて入れます。再び煮立ったら、卵を回し入れます。卵が半熟になったら火を止め、ふたをして1分ほどむらします。

10分 副菜 148kcal

みつばのあえもの
数秒加熱でみつばが食べやすくなります

材料 (2人分)

- 糸みつば……………スポンジ2個 (40g)
- えのきだけ …………1/2束 (50g)
- A
  - 酒……………小さじ2
  - 塩……………少々
- ぽん酢しょうゆ
  - ゆずのしぼり汁 …小さじ2
  - しょうゆ ………… 小さじ1
  - だし (または水) …大さじ1/2
- ゆずの皮 (せん切り)… 少々

作り方

1. みつばは3cm長さに切ります。えのきは根元を落とし、3〜4cm長さに切ります。
2. ぽん酢しょうゆの材料を合わせます。
3. 鍋に、えのきとAを入れて火にかけ、混ぜながら1分ほどいります。みつばを加えてさっとひと混ぜして、火を止めます。
4. ぽん酢しょうゆで③をあえます。盛りつけて、ゆずの皮をのせます。

10分 副菜 11kcal

25分
主菜
250kcal

もやし
bean sprouts

▶種類
もやしは、豆が発芽し始めたもの。緑豆や大豆がある。

▶選び方
先端までしっかりしているもの。芽や根が変色してしおれているのは避ける。

▶保存（→p.188）
空気にふれると変色しやすいので、使いかけは、袋の空気をできるだけ抜いて口を閉じ、野菜室に。いたみやすいので1〜2日で使いきる。冷凍には向かない。

▶調理のヒント
・余熱でもやわらかくなるので、加熱調理は短時間にして、歯ざわりを生かす。
・ひげ根は口に当たり見栄えもよくないので、できればとる。

↑マーボーもやし
ボリュームがあっておいしい経済おかず

材料（2人分）

もやし	1袋(200g)
A [サラダ油	大さじ1/2
塩	小さじ1/6
にら	1/2束(50g)
豚ひき肉	100g
B [ねぎ	10cm(20g)
にんにく	小1かけ(5g)
しょうが	小1片(5g)
サラダ油	大さじ1/2
豆板醤（トーバンジャン）	小さじ1/2
C [甜麺醤（テンメンジャン）	大さじ1
酒	大さじ2
しょうゆ	大さじ1/2
砂糖・中華スープの素	各小さじ1/2
かたくり粉	大さじ1/2

作り方

❶ もやしは、できればひげ根をとります。
❷ Bはみじん切りに、にらは3cm長さに切ります。Cは合わせます。
❸ 大きめのフライパンにもやしとAを入れて混ぜます。ふたをして中火にかけ、2分ほど蒸し焼きにします。ふたをとって2分ほど水気をとばし、とり出します。
❹ 続いて、油大さじ1/2を弱火で温め、B、豆板醤を順に加え軽くいため、ひき肉を中火でいためます。
❺ 肉がパラリとしたら、Cを混ぜてから加えます。煮立ったら、もやし、にらを加え、手早く混ぜます。

▶100gはこのくらい

もやしと肉のいためもの
もやしは最後に加えてさっと加熱。
余熱も考えて

材料（2人分）
もやし……1袋（200g）
ねぎ………10cm（20g）
キャベツ…1枚（30g）
にんじん…20g
豚ロース肉（薄切り）
　………100g

A ┌ 酒………小さじ1
　│ 塩………少々
　│ かたくり粉
　└ 　………小さじ1

B ┌ 塩………小さじ1/2
　└ こしょう　少々

サラダ油…大さじ1/2

作り方
❶ もやしは、できればひげ根をとります。ねぎは斜め薄切りに、キャベツは7～8mm幅のたんざく切り、にんじんは細切りにします。
❷ 豚肉は3cm幅に切り、Aをもみこみます。
❸ 大きめのフライパンに油を熱し、強めの中火で、肉をほぐすようにいためます。焼けてきたら、にんじん、ねぎ、キャベツの順に加えて強火でいためます。
❹ 最後にもやしを加え、シャッキリしているうちにBで味をつけ、火を止めます。

15分 / 主菜 / 弁当 / 193kcal

大豆もやしのナムル
豆にも火を通すので、少し長くゆでます

材料（2人分）
大豆もやし……………1袋（200g）

A ┌ ねぎ（みじん切り）…3cm（5g）
　│ いりごま（白）……小さじ1
　│ 韓国粉とうがらし（または一味とうがらし少々）
　│ 　………小さじ1/4
　│ 砂糖………小さじ1/2
　│ しょうゆ………小さじ2
　└ 酢・ごま油………各小さじ1

作り方
❶ 大豆もやしはひげ根をとります。水カップ2に塩小さじ1/2（材料外）を加えた熱湯に、もやしを入れてふたをし、5～6分ゆでます。
❷ ボールにAを合わせます。
❸ もやしの水気をよくきり、熱いうちにAであえます。

15分 / 副菜 / 弁当 / 70kcal

15分
副菜
弁当
42kcal

もやしとみつばのごま酢あえ
もやしを熱湯につけてシャッキリ仕上げます

材料（2人分）
もやし……………1/2袋（100g）
みつば……………スポンジ1個（20g）
A ┌ すりごま（白）……大さじ2
  │ 酢………………大さじ1/2
  │ 砂糖・しょうゆ……各小さじ1
  └ 塩………………少々

作り方
① もやしはできればひげ根をとります。
② 鍋にたっぷりの湯をわかし、みつばをさっと通して水にとります。同じ湯にもやしを入れ、すぐ火を止めて30秒ほどおき、ざるにあけます。みつばは水気をしぼって3cm長さに切ります。
③ ボールにAを合わせ、食べる直前に②をあえます。

15分
副菜
69kcal

もやしの中華サラダ
もやしが熱いうちに味をつけます

材料（2人分）
もやし …1/2袋（100g）
きゅうり …1/2本（50g）
　塩 …小さじ1/8
ハム ……1枚
トマト …1/2個（100g）

ドレッシング
┌ 酢 ………大さじ1
│ しょうゆ …大さじ1/2
│ 砂糖 ……小さじ1
└ ごま油 …小さじ1

作り方
① ボールにドレッシングの材料を合わせます。
② もやしはできればひげ根をとります。水カップ2に塩小さじ1/3（材料外）を加えた熱湯で、30秒ほどゆでます。水気をよくきり、熱いうちに①につけます。
③ きゅうりは4～5cm長さの斜め薄切りにし、細切りにします。塩をふり、しんなりしたら水気をしぼります。ハムは細切りにします。
④ ②がさめたら③を加えて混ぜます。トマトを薄切りにして皿に並べ、盛りつけます。

25分
主食
302kcal

↑ モロヘイヤそうめん
夏バテを解消する、ビタミンたっぷりそうめん

材料（2人分）

そうめん……120g	しその葉……5枚
モロヘイヤ……1袋（100g）	みょうが……1個
とりささみ（筋なし）…2本（100g）	つゆ ┌ だし……カップ1
A ┌ 塩・こしょう…各少々	│ みりん……大さじ1/2
└ 酒……大さじ1/2	└ しょうゆ……大さじ1

作り方

❶ だしに調味料を加え、ひと煮立ちさせて、さまします。
❷ ささみは皿にのせてAをふり、ラップをして電子レンジで約1分30秒加熱（500W）します。さまして細くさきます。
❸ モロヘイヤは葉をつんで、熱湯でさっとゆで、水にとって水気をしぼります。包丁で細かくきざみます。
❹ しそとみょうがはせん切りにし、それぞれ水にさらして水気をきります。
❺ そうめんを熱湯でゆで、水にとって洗い、水気をきります。器に入れ、つゆにモロヘイヤを混ぜてかけます。ささみ、しそ、みょうがをのせます。

→ モロヘイヤのおひたし
定番の食べ方

材料・作り方（2人分）

❶ モロヘイヤ1袋（100g）は葉をつみ、熱湯でさっとゆでて水にとります。水気をしぼって2〜3cm長さに切ります（さらに、たたいてねばり気を出しても）。
❷ しょうゆ小さじ2であえ、おろししょうがをのせます。

10分
副菜
20kcal

モロヘイヤ
mulukhiya

▶ **旬** 夏

▶ **選び方**
葉色がよく濃い緑色。全体に張りがあるもの。茎の切り口が変色していないもの。

▶ **栄養**
カロテン、ビタミンC・E、鉄分、カルシウムがたいへん多い。

▶ **保存**（→p.188）
ポリ袋に入れて野菜室に。いたみやすいので早く使う。ゆでて冷蔵・冷凍できる。きざんで冷凍が便利。

▶ **調理のヒント**
・茎はかたいので、葉をつみとって使う。
・アクが強いので、下ゆでして使う。
・包丁できざむとねばりが出る。

▶ **50gはこのくらい**

160

25分 主菜 213kcal

モロヘイヤのカレーかき揚げ
葉のイガっぽさもなく、食べやすい

材料（2人分）

モロヘイヤ……1/2袋(50g)	B 小麦粉……大さじ4
むきえび…10尾(50g)	カレー粉…小さじ1
A 酒…小さじ1/2	卵1/2個＋冷たい水
塩…少々	…合わせて50ml
小麦粉…大さじ1/2	揚げ油………適量
	レモン………1/4個

作り方

① モロヘイヤは葉をつみ、大きいものは半分にちぎります。水気をよくとります。
② むきえびは背わたをとって1cm幅に切り、Aをもみこみます。
③ Bの小麦粉にカレー粉を混ぜます。卵と水を合わせ、粉を混ぜて衣を作ります。
④ ①②を合わせ、小麦粉大さじ1/2をまぶします。③に加えて混ぜます。
⑤ 揚げ油を中温（170℃）に熱し、④を1/6量ずつ入れて揚げます。レモンを添えます。

30分 副菜 88kcal

モロヘイヤスープ
とろみが個性的なにんにく味のスープ

材料（2人分）

モロヘイヤ…1/2袋(50g)	A 水……カップ1・1/2
たまねぎ……1/6個(30g)	スープの素
にんにく……小1片(5g)	……小さじ1
とりもも肉……50g	塩・こしょう
バター………5g	………各少々

作り方

① モロヘイヤは葉をつみます。熱湯でゆで、水にとって水気をしぼり、包丁で細かくきざみ、ボールにとります。
② たまねぎは薄切り、にんにくはみじん切りに、とり肉は1.5cm角に切ります。
③ 鍋にバターを溶かし、たまねぎ、にんにくを中火で2～3分いため、とり肉を加えていためます。Aを加え、沸とうしたらアクをとって、弱めの中火で7～8分煮ます。
④ ①にスープを少し加えてほぐし、鍋にもどし入れます。ひと煮立ちしたら、塩、こしょうで味をととのえます。

15分
主食
465kcal
＊炊飯時間は除く

🡇 麦とろ

とろろごはんは消化によい食事。
本来はすり鉢でおろしてすり混ぜるのですが、おろし器でも

材料

とろろ・2人分

やまといも（いちょういも）…200g	
A { 水……カップ1	
酢……小さじ1	
だし……カップ1/2	
B { 塩……小さじ1/3	
しょうゆ……小さじ1/2	
卵……1個	
ねぎ（小口切り）…5cm	
青のり……少々	

麦ごはん・4人分

米……米用カップ1・1/2	
（270ml・225g）	
押し麦……米用カップ1/2	
（90ml・50g）	

作り方

❶ 米はとぎ、押し麦は軽く洗って一緒に炊飯器に入れます。2カップの目盛りまで水を入れて炊きます。

❷ だしを温めてBで調味し、さまします。

❸ やまといもは皮をむいてAに5分ほどつけ、水気をふいて、すりおろします。ボールに入れ、卵、②の順に少しずつ加えながら、泡立て器で混ぜます。

❹ 器に盛り、青のりをふり、ねぎを添えます。麦ごはんにかけて食べます。

＊すり鉢があれば、すり鉢でいもをおろします。さらに、すりこぎですり混ぜながら、卵とだしを少しずつ加えて混ぜのばします。

やまのいも
yam

🡆 **旬** 秋～冬

長いもは水分が多くねばりが少ない。ねばりが強いのは、関東に多いいちょういも（いちょうの葉形）や、関西に多いつくねいも（丸くてゴツゴツ）で、両方とも大和いもとも呼ぶので混同しやすい。いちょういもは、扱いやすいばち状の形も出回っている。

🡆 **選び方**

ふっくらとして皮色がきれい。重量感がある。

🡆 **栄養**

アミラーゼ、ぬめり成分がともに消化吸収を助ける。

🡆 **保存**（→p.188）

新聞紙に包んで冷暗所に。使いかけはラップで包み、野菜室に。細切りかすりおろしを生で冷凍できる。

🡆 **調理のヒント**

手がかゆくなるのはシュウ酸カルシウムの結晶が刺さるため。酢水で手を洗うとやわらぐ。アクが強い場合、切り口の変色を防ぐには酢水につける（水カップ3に酢大さじ1の割合）。

🡆 **100gはこのくらい**

や

かつおの長いも山かけ
すりおろさずに、たたいてつぶすのでかんたん

材料（2人分）
- 長いも* ……………50g
- かつお（またはまぐろ・刺し身用）…100g
- A
  - しょうゆ ………大さじ1
  - 酒………………大さじ1/2
  - しょうが汁 ……小さじ1/2
  - いりごま（白）……小さじ1/2
- しその葉……………2枚
- 練りわさび…………少々

＊やまといもでも作れます。

作り方
1. かつおは4〜5mm厚さに切ります。Aにつけ、10分ほどおきます。
2. 長いもは皮をむいてポリ袋に入れ、すりこぎなどでたたいて細かくします。
3. 器にしその葉を敷き、かつおと長いもを盛ります。練りわさびを添えます。

副菜 74kcal / 15分

やまいもの落とし揚げ
ねばり気の強いいもならではの料理

材料（2人分）
- やまといも（いちょういも）…150g
- 万能ねぎ……………2本（10g）
- 桜えび………………大さじ1・1/2
- いりごま（黒）………大さじ1/2
- 塩………………………少々
- 揚げ油…………………適量
- レモン…………………1/4個

作り方
1. 桜えびはあらくきざみます。万能ねぎは小口切りにします。
2. やまといもは皮をむいてすりおろします。ボールに入れ、①、ごま、塩を混ぜます。
3. 揚げ油を中温（170℃）に熱し、②をひと口大ずつスプーンで落とし入れます。2〜3分して薄茶色になったらとり出します。
4. 器に盛り、レモンを添えます。

副菜 89kcal / 15分

長いものひき肉いため
火通りがよく、手早くいためられます

材料（2人分）

長いも*	150g
ねぎ	20cm(30g)
にんにく	小1片(5g)
豚ひき肉	50g
ごま油	小さじ1
塩	小さじ1/6
こしょう（黒）	少々

＊やまといもでも作れます。

作り方

① 長いもは皮をむいて4〜5mm厚さの半月切りにします。ねぎは斜め薄切りにします。にんにくはみじん切りにします。

② フライパンにごま油とにんにくを入れ、中火でさっといためてから、ひき肉を加えていためます。色が変わったら、長いもを加えて2〜3分いため、ねぎを加えます。塩、こしょうで調味します。

15分
主菜
弁当
125kcal

長いものとろろサラダ
サラダにとろろ。食感が楽しい

材料（2人分）

長いも*	100g
ベビーリーフ	1袋(40g)
ハム	2枚
ドレッシング	しょうゆ…大さじ1
	酢…大さじ1
	サラダ油…大さじ1/2

＊やまといもでも作れます。

作り方

① 長いもは皮をむきます。半分はすりおろし、残り半分は2〜3cm長さの細切りにして、合わせます。

② ベビーリーフは冷水にさらしてシャキッとさせ、水気をきります。

③ ハムはあらみじん切りにします。

④ 器にベビーリーフを盛り、①をのせ、ハムを散らします。ドレッシングの材料を混ぜて添えます。全体を混ぜて食べます。

10分
副菜
111kcal

長いもと黄菊の酢のもの
彩りも香りも秋らしいあえものです

材料（2人分）
- 長いも……100g
- 黄菊……大2個（10g）
- A
  - 酢……大さじ1・1/2
  - 砂糖……小さじ1/2
  - 塩……少々
- 焼きのり……1/4枚

作り方
1. 長いもは3〜4cm長さに切って、皮をむきます。約8×4mm角の細切りにします。
2. 黄菊は花びらをつみます。熱湯カップ1に酢小さじ1（材料外）を加え、花びらを1分ほどゆでます。水にさらし、水気をしぼってほぐします。焼きのりは小さくちぎります。
3. ボールにAを合わせ、①と②をあえます。

10分
副菜
弁当
39kcal

長いもの含め煮
やまのいもは加熱するとほっこり

材料（2人分）
- 長いも*……200g
- A
  - だし……カップ1
  - 砂糖……小さじ2
  - 塩……小さじ1/4
- ゆずの皮のせん切り…少々

＊やまといもでも作れます。

作り方
1. 長いもは2cm厚さの輪切りか、大きければ半月形に切って皮をむきます。
2. 鍋にいもを並べ入れ、Aを加えて火にかけます。沸とうしたら弱めの中火にし、ふきこぼれないようにふたをずらしてのせ、約10分煮ます。火を止め、そのままさまして味を含ませます。
3. 盛りつけ、ゆずの皮を散らします。

20分
副菜
弁当
74kcal

レタス
lettuce

▶ 選び方
巻きがゆるく、ふんわりしているもののほうが水っぽくなくておいしい。切り口が白いもの。赤茶色に変色したものは収穫から時間がたっている。

▶ 栄養
水分が多く、ビタミン類は少ない。ミネラル、食物繊維を多少含む。

▶ 保存 (→p.188)
いたんだ部分をはずして、ラップに包むかポリ袋に入れ、芯を下にして野菜室に。芯の切り口から出る乳状の液がいたみのもとなので、芯をくり抜いて保存すると、鮮度が落ちにくい。冷凍には向かない。

▶ 調理のヒント
氷水に放して少しおくとパリッとした食感が生きる。加熱も手早くがおいしい。

🔼 レタスの油がけ
かさ高いレタスも、あっという間に食べてしまいます

15分 / 副菜 / 72kcal

材料（2人分）
- レタス……2〜3枚（100g）
- ねぎ（白い部分）…1/4本（20g）
- しょうが……1かけ（10g）
- A｜しょうゆ…小さじ1
- 　｜酒………大さじ1
- 　｜塩………小さじ1/8
- サラダ油……大さじ1

作り方
1. レタスは冷水につけてパリッとさせ、水気をきって約5cm角大にちぎります。
2. ねぎは芯をとって5cm長さのせん切りに、しょうがもせん切りにします。両方を水にさらして水気をきります。
3. レタスを盛りつけ、ねぎとしょうがをのせます。Aを合わせてかけ、油を小鍋で熱して回しかけます。

➡ レタスのスープ
レタスは最後に入れます

10分 / 副菜 / 84kcal

材料（2人分）
- レタス…2〜3枚（100g）
- にんにく…1片（10g）
- ミニトマト…4個
- サラダ油…大さじ1
- A｜水……カップ2
- 　｜固形スープの素…1個
- こしょう……少々

作り方
1. レタスはひと口大にちぎり、にんにくは薄切りに、トマトは半分に切ります。
2. 鍋に油とにんにくを入れて弱火でいため、薄茶色になったらトマト、Aを加えます。強火にし、沸とうしたらレタスを加えてこしょうをふります。

▶ 100gはこのくらい

レタスの和風サラダ
新鮮なレタスならシンプルに

材料（2人分）
レタス……1/3個（100g）
ちりめんじゃこ…5g
焼きのり…1/2枚

ドレッシング
　たまねぎのすりおろし
　　………大さじ1
　しょうゆ…大さじ1
　酢………大さじ1/2
　ごま油……大さじ1
　こしょう……少々

作り方
① レタスは形のまま洗って、冷水に2〜3分つけてパリッとさせ水気をきります。形をくずさないように、2つ割りにして芯を除き、それぞれ2つに切って盛りつけます。
② ちりめんじゃこは、フライパンで1分ほどからいりします。のりは角切りにします。
③ ドレッシングの材料を合わせます。レタスに、じゃことのりをのせ、ドレッシングをかけます。

10分
副菜
91kcal

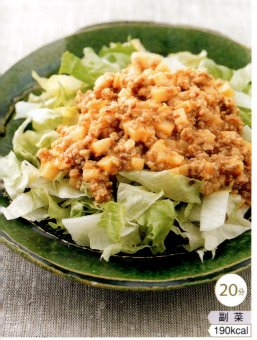

レタスの肉みそかけ
濃厚な肉みそ味との組み合わせでおいしく

材料（2人分）
レタス…2〜3枚（100g）
豚ひき肉……100g
ゆでたけのこ…60g
しょうがのみじん切り
　………小さじ1
サラダ油……大さじ1/2
（かたくり粉大さじ1/2　水大さじ1）

A ┌ 水………カップ1/2
　│ 砂糖・酒…各大さじ1
　│ みそ………大さじ1
　└ 豆板醤（トーバンジャン）…小さじ1/2

作り方
① レタスは冷水に2〜3分つけてパリッとさせ、水気をきって1〜2cm幅にザクザクと切ります。
② たけのこは1cm角に切ります。
③ Aを混ぜます。フライパンに油を熱して肉をいため、色が変わったら、しょうが、たけのこを加えていためます。Aを加え、沸とうしたら、水どきかたくり粉でとろみをつけます。
④ 器にレタスを盛り、熱々の③をかけます。

20分
副菜
190kcal

れんこん
lotus root

▶ **旬** 秋〜冬

▶ **選び方**
皮は自然な肌色で、節の間が長くふっくらしている。切ってあるものは切り口が白く、肉厚のものを。穴の中が黒いものは古い。

▶ **栄養**
ビタミンCを含み、食物繊維が豊富。ポリフェノールの一種タンニンも含む。

▶ **保存**（→p.188）
切り口をラップでおおってポリ袋に入れ、野菜室に。ゆでて冷凍できる。

▶ **調理のヒント**
・皮をむくのは、皮むき器がかんたん。
・切り口が空気にふれると黒ずむが、水につけると防げる。さらに、白く仕上げたい場合は、酢水（水カップ3に酢大さじ1の割合）につける。
・シャキッとした歯ごたえを残すには加熱を手早く。

▶ **100gはこのくらい**

↑ れんこんのはさみ揚げ
彩りもきれいで、れんこんの歯ごたえがおいしい

材料（2人分）
れんこん……………150g
えび（殻つき）＊……5尾(100g)
A ┌ しょうが汁…小さじ1/2
　├ 塩…………小さじ1/4
　└ 酒…………小さじ1
衣 ┌ 卵1/2個＋冷たい水
　│ 　…合わせてカップ1/4
　└ 小麦粉…大さじ4
揚げ油…………適量

＊むきえびでも。

作り方
❶ えびは殻と背わたをとります。半量は1cm大のぶつ切りにし、残りはあらみじんに切ります。合わせてボールに入れ、Aを加えて混ぜます。6等分にします
❷ れんこんは皮をむき、5mm厚さの輪切りを12枚とります。水にさらし、水気をふきます。
❸ れんこん2枚ずつで①をはさみます。卵水に小麦粉をざっと混ぜ、衣を作ります。
❹ 揚げ油を中温（170℃）に熱します。れんこんに衣をつけて、色よく揚げます。塩またはレモン（材料外）を添えます。

30分
主菜
弁当
325kcal

れんこんと手羽先の煮もの
出盛りの肉厚のれんこんで

材料（2人分）

れんこん……150g
とり手羽先…4本（200g）
ししとうがらし
　　　……1/2パック（50g）

A ┃ 水……カップ3/4
　 ┃ 酒……カップ1/4
　 ┃ 砂糖…大さじ1
　 ┃ しょうゆ
　 ┃ 　…大さじ1・1/2

作り方

① れんこんは皮をむき、3〜4cm大の乱切りにします。水にさらします。ししとうは軸を落とします。
② 手羽先は熱湯に入れ、再び沸とうしてきたらとり出します。
③ 鍋に、れんこん、手羽先、Aを入れて火にかけます。沸とうしたら、弱めの中火にしてふたをずらしてのせます。15分ほど煮て、ししとうを加え、煮汁が少なくなるまで5分ほど煮ます。

30分
主菜
弁当
192kcal

れんこんといちごのサラダ
れんこんの見た目と歯ざわりが楽しい

材料（2人分）

れんこん　…100g
（湯カップ2　酢小さじ2）
いちご*　……4粒（60g）
エンダイブ　20g

ドレッシング
┃ 酢………大さじ1
┃ レモン汁…小さじ1
┃ 塩………小さじ1/4
┃ こしょう　…少々
┃ サラダ油…大さじ1

＊いちごのほか、グレープフルーツ（果肉）、
　きんかん（皮ごと薄切り）も合います。

作り方

① れんこんは皮をむき、薄い輪切りまたは半月切りにして、水にさらします。分量の湯に酢を加え、れんこんを1〜2分ゆでてざるにとります。
② ドレッシングの材料を混ぜます。いちご2粒をつぶしてドレッシングに混ぜます。
③ 残りのいちごは縦4つ割りにします。エンダイブは食べやすい大きさにちぎります。
④ 食べる前に全部をドレッシングであえます。

20分
副菜
98kcal

れんこんのいためなます
お弁当でも大活躍するおかずです

▶ 材料（2人分）

れんこん	100g
にんじん	30g
干ししいたけ	2個
いりごま（白）	小さじ1
ごま油	大さじ1/2

A
砂糖	大さじ1/2
しいたけのもどし汁	大さじ2
酢	大さじ1
しょうゆ	大さじ1/2

▶ 作り方

① 干ししいたけは水カップ1/4（材料外）につけてもどし、薄切りにします。もどし汁はとりおきます。

② れんこんは皮をむき、2～3mm厚さの輪切りまたは半月切りにし、水にさらして水気をきります。にんじんは縦半分にし、斜め薄切りにします。Aは合わせます。

③ フライパンに油を熱し、①②の野菜類を強火でいためます。全体に油がまわったらAを加え、混ぜながら、汁気がなくなるまでいためます。最後にごまを加えます。

20分　副菜　弁当　92kcal

れんこんのあえもの2種
いずれも歯ざわり自慢の小品

▶ 材料（2人分）

梅あえ　1人分30kcal
| れんこん | 100g |
| （水カップ1　酢小さじ1） |
| 梅干し | 1/2個 |
| 酒 | 小さじ1 |

中華あえ　1人分58kcal
| れんこん | 100g |

A
しょうゆ	小さじ1
酢	小さじ1
ごま油	小さじ1・1/2

▶ 作り方

れんこんの梅あえ

① れんこんは皮をむき、薄い輪切りまたは半月切りにして、酢水にさらします。熱湯でさっとゆでてざるにとります。

② 梅干しは果肉を包丁で細かくたたき、酒を混ぜます。れんこんをあえます。

れんこんの中華あえ

① れんこんは皮をむき、薄い輪切りまたは半月切りにして、水にさらします。熱湯でさっとゆでてざるにとります。

② Aを混ぜて、れんこんをあえます。

15分　副菜　弁当

れんこんの蒸しもの
れんこんのでんぷんを利用。電子レンジで

材料（2人分）

れんこん	150g
とりひき肉	50g
にんじん	30g
しいたけ	2個

A ［ かたくり粉 …… 大さじ1
　　塩 …… 小さじ1/8 ］

あん
B ［ だし …… 100ml
　　塩 …… 小さじ1/8
　　みりん …… 小さじ1
　　しょうゆ …… 小さじ1/2 ］
（かたくり粉小さじ1
水小さじ2）

作り方

❶ にんじんは2cm長さのせん切りに、しいたけは軸をとり、薄切りにします。

❷ れんこんは皮をむいてすりおろし、ざるに入れて自然に汁気をきります。ボールに入れ、肉、①、Aを混ぜ、半分ずつ丸めます。

❸ ②をひとり分ずつ器に入れ、ラップをかけて電子レンジで、1個につき3～4分加熱（500W）します。

❹ 小鍋にBを入れて煮立て、水どきかたくり粉でとろみをつけます。③にかけます。練りわさび（材料外）をのせます。

20分　副菜　121kcal

れんこんのエスニックスープ
シンプルな材料ですが本場の味

材料（2人分）

れんこん	100g
豚ロース肉（薄切り）	50g
にんにく	1片（10g）
香菜（シャンツァイ）	1～2本

A ［ 水 …… カップ2
　　ナンプラー …… 大さじ1 ］
サラダ油 … 大さじ1/2

作り方

❶ れんこんは皮をむき、1cm厚さの輪切りまたは半月切りにし、水にさらします。

❷ にんにくは薄切りに、香菜は2cm長さに切ります。豚肉は2cm幅に切ります。

❸ 鍋に油とにんにくを入れて弱火でいため、香りが出たら強火にして、肉とれんこんを加えていためます。Aを加え、沸とうしたらアクをとって、弱めの中火で10分ほど煮ます。碗に盛りつけ、香菜をのせます。

20分　副菜　137kcal

野菜の扱い方 ① 野菜の切り方

いちょう切り
半月切りをさらに半分くらいに切った形で、いちょうの葉のような形。

半月切り
輪切りを半分にしたもの、半分の月の形。

輪切り
だいこん、にんじんなど、切り口が丸い輪の形をいかした切り方。

たんざく切り
俳句などを書く「短冊」の形。薄い長方形。

色紙切り
サインなどを書く紙「色紙」の形。薄い正方形。

さいの目切り
さいころ（さい）のような正六面体。

せん切り
細切りよりもさらに細い筋のような形。「千切り」「繊切り」などと書く。

細切り
マッチ棒のような細い形。長さ太さはいろいろある。

拍子木切り
"火の用心"と打ち鳴らす「拍子木」の形。細長い角柱形。

そぎ切り
「そぎ」は先がとがるように斜めに切ること。厚みのあるものを薄く切り分けるときに。

乱切り
厚みがあるものを、端から斜めに切っては90度回転して切っていく。断面積が多くなる切り方。

くし形切り
髪をとかす「櫛」の形。半月切りに似ているが、トマトなど丸いものを放射状に切った形。

みじん切り
「木っ端微塵」のみじん。細かい形。やや大きいと「粗みじん」。

ささがき
「笹掻」。笹の葉のように薄く細かくけずった形。

小口切り
「小口」は先端のことをいい、細長いものを端から切ることをいう。ふつうは薄く切る。

172

野菜たっぷり料理と
個性派野菜

野菜の和風煮もの

根菜を中心に、だしとしょうゆで一緒に煮るおふくろの味

40分
主菜
230kcal

材料（4人分）

野菜は全部そろわなくても合計分量があれば作れ、また下の野菜に代えても作れます。

野菜といも　合計約600g
　さといも ……4個（300g）
　ごぼう ……1/2本（100g）
　れんこん ……100g
　にんじん ……1/2本（100g）

代わりになる野菜
　たけのこ、やまのいも

干ししいたけ …………3個
とりもも肉 …………150g
　酒 ……………小さじ1
こんにゃく …1/2枚（100g）

青み
　さやえんどう ……5枚

煮汁用
　ごま油……大さじ1・1/2
A｛
　だし …………カップ1
　砂糖……大さじ1・1/2
　酒 …………大さじ2
　しょうゆ …大さじ2・1/2
　みりん ……大さじ1
　しいたけのもどし汁
　　　………大さじ2
｝

作り方

① 野菜といもは、それぞれひと口大の乱切りにします。
② 干ししいたけは水でもどして、半分のそぎ切りにします。もどし汁はとりおきます。とり肉はひと口大に切って酒をもみこみます。青みのさやえんどうは筋をとります。
③ こんにゃくはスプーンでひと口大にちぎります。湯をわかし、さやえんどうとこんにゃくをそれぞれさっとゆでます。
④ 大きめの鍋にごま油を熱し、①、しいたけ、こんにゃくをさっといためてから、とり肉を加えてさらにいためます。Aの材料を加えます。煮立ったらアクをとり、落としぶたと鍋のふたをして弱めの中火で20分ほど煮ます。
⑤ 盛りつけ、さやえんどうをせん切りにしてのせます。

▶ 600gはこのくらい

野菜たっぷり料理

野菜の揚げびたし

残り野菜を素揚げして。作りおきもききます

材料（4人分）

野菜は全部そろわなくても合計分量があれば作れ、また下の野菜に代えても作れます。

野菜　合計約600g
- かぼちゃ …………150g
- なす …………2個(150g)
- ごぼう …1/2本(100g)
- にんじん …1/2本(100g)
- れんこん ……………80g
- ししとうがらし …5本(20g)

季節に使えるおもな野菜
春夏：アスパラガス、新ごぼう、みょうが、さやいんげん、オクラ
秋冬：きのこ、れんこん、さつまいも、やまいも
周年：かぼちゃ、ピーマン、にんじん、なす

豚もも肉
（しょうが焼き用）……150g
- 酒 ………………小さじ1
- かたくり粉 ……大さじ2

揚げ油………………適量

つけ汁
A
- だし ……カップ1・1/2
- しょうゆ ……大さじ1
- みりん ………大さじ1
- 酒 …………………大さじ1
- 塩 ……………小さじ1/6

B
- 酢 ……………大さじ1
- しょうが汁 …小さじ1

▶ **600gはこのくらい**

30分
主菜
407kcal

作り方

① 鍋にAを合わせてひと煮立ちさせます。火を止めてBを加え、ボールなどにあけます。
② 肉は4cm長さに切って酒をまぶします。野菜は食べやすい大きさに切ります。ししとうは切り目を入れます。
③ 揚げ油を中温（160℃）に熱し、野菜をそれぞれ2〜3分ずつ揚げて油をきります。肉にかたくり粉をまぶします。
④ 油温を170℃に上げ、肉を揚げます。
⑤ 肉と野菜が熱いうちに、①につけます。すぐにでも食べられ、冷蔵庫で2〜3日保存がききます。

野菜チップス
野菜をごく薄く切って、揚げ油でカリッと揚げます。コツは低温（150〜160℃）でゆっくり揚げること。なかなかカリッとしないものは1度とり出し、油の温度を上げ（約170℃）て再度揚げます。写真は、れんこん、さつまいも、にんじん、ごぼう（皮むき器でスライス）。

野菜のピクルス
歯ごたえのよい野菜ならたいてい漬けられます

20分
副菜
65kcal

※漬け時間は除く

材料（4人分）

野菜は全部そろわなくても合計分量があれば作れ、また下の野菜に代えても作れます。

野菜　合計約700g
　きゅうり……1本(100g)
　だいこん…………100g
　かぶ（実）……1個(100g)
　にんじん……1/2本(100g)
　セロリ………1本(100g)
　カリフラワー
　　　………1/6個(100g)
　小たまねぎ…5個(100g)

代わりになる野菜
赤黄ピーマン、れんこん、キャベツ、みょうが
身がくずれにくく、色が出ず、生で食べられる野菜ならなんでも。

つけ汁
　水　……………カップ1
　酢　…………カップ1/2
　砂糖　…………大さじ2
　塩　…………大さじ1/2
　サラダ油　……大さじ1
　ローリエ　………1枚
　にんにく　………1片
　粒こしょう　…小さじ1/3

作り方

❶ 野菜はそれぞれひと口大に切ります。にんにく、こしょうは丸ごと使います。
❷ 鍋につけ汁の材料を合わせ、1〜2分煮立てて砂糖を煮溶かします。保存容器などに入れます。
❸ 鍋にカップ3の湯をわかし、塩小さじ1/2（材料外）を入れます。野菜を2回くらいに分けて軽くゆでます（熱湯に入れ、再度沸とうしたら、ざるにとる）。水気をよくきります。
❹ ②に野菜をつけます。室温に半日おけば食べられます。その後は冷蔵庫に。清潔な容器なら、1か月ほど保存できます。

▶ **700gはこのくらい**

野菜たっぷり料理

ラタトイユ

野菜自体の水分でじっくり蒸し煮にします

40分
副菜
121kcal

材料（4人分）

野菜は全部そろわなくても合計分量があれば作れ、また下の野菜に代えても作れます。
◎印の野菜は必ず入れます。

野菜　合計約1kg
◎トマト（完熟）*…2個（400g）
　なす…………2個（150g）
　ズッキーニ…1本（150g）
　赤ピーマン…大2/3個（100g）
　たまねぎ…1/2個（100g）
　セロリ………1本（100g）

代わりになる野菜
　かぼちゃ、にんじん、エリンギ

にんにく……………1片
オリーブ油………大さじ2

A
- 白ワイン…カップ1/4
- 塩………小さじ1/3
- こしょう………少々
- ローリエ………1枚
- ケーパー**…大さじ1/2

* 完熟のトマトの代わりにトマトの水煮缶詰400gが使えます。トマトの実をくずし、缶汁ごと使います。

** 酢漬けのケーパー（スモークサーモンにつきもの）を味のアクセントに使います。オリーブ少々で代用も。入れなくても。

1kgはこのくらい

作り方

① 野菜はひと口大に切ります。
② にんにくは薄切りにします。
③ 厚手の鍋にオリーブ油とにんにくを入れ、弱火でいためます。香りが出てきたら強火にして、トマト以外の野菜を入れていためます。
④ 油がまわったら、トマトとAを加え、ふたをして弱火で30分ほど煮ます（野菜の水気で蒸し煮にする）。

ミネストローネ風スープ
少量ずつ残った野菜をまとめてスープに

25分
副菜
131kcal

作り方
1. セロリは薄切りに、ほかの具の野菜は1cm角の大きさに切りそろえます。
2. にんにくは薄切り、ベーコンは1cm角くらいに切ります。
3. 鍋にオリーブ油を熱し、②を弱めの中火でいためます。香りが出たら、①の野菜を加えて3〜4分いためます。
4. 油がまわったら、Aを加えて強火にします。沸とうしたらアクをとります。ふたをして、野菜がやわらかくなるまで中火で10分ほど煮ます。塩、こしょうで味をととのえます。

材料（4人分）
野菜は全部そろわなくても合計分量があれば作れ、また下の野菜に代えても作れます。
◎印の野菜は必ず入れます。

野菜　合計約450g
◎たまねぎ …1/2個（100g）
◎セロリ（小枝や葉でも）
　………………50g
　じゃがいも …1個（150g）
　にんじん……1/4本（50g）
　キャベツ……2枚（100g）

代わりになる野菜
　はくさい、ねぎ、なす、トマト、ごぼう、だいこん、ピーマン
　豆やパスタ、米を加えても。

にんにく……………1片
ベーコン……………2枚
オリーブ油……大さじ1
煮汁
A ┌ トマトジュース（無塩）
　│　……………200ml
　│ 水……………250ml
　│ 固形スープの素…1個
　└ ローリエ………1枚
塩・こしょう……各少々

▶ 450gはこのくらい

野菜たっぷり料理

野菜カレー
ほとんどの野菜を入れられます

材料（4人分）

野菜は全部そろわなくても合計分量があれば作れ、また下の野菜に代えても作れます。

◎印の野菜は必ず入れます。

野菜　合計約650g
- ◎たまねぎ …1/2個（100g）
- かぼちゃ …………150g
- なす…………2個（150g）
- 赤ピーマン…1個（150g）
- オクラ ………8本（50g）
- マッシュルーム
 ……1/2パック（50g）

代わりになる野菜
じゃがいも、にんじん、カリフラワー、さといも、ヤングコーン、トマト

＊かぶやだいこんなど味が中までしみこみにくい野菜は向きません。また、野菜は1～2種類でも作れます。

- にんにく ……………1片
- 豚こま切れ肉 ………150g
- バター ……………30g
- ┌ 水 …………カップ3
- │ 牛乳 …………100ml
- │ 市販のカレールウ
- │ ………………4皿分
- └ 塩・こしょう …各少々
- 温かいごはん ………600g

650gはこのくらい

40分

主食
638kcal

作り方

① にんにくはみじん切りに、たまねぎは薄切りにします。そのほかの野菜は、ひと口大に切ります。

② 厚手の鍋にバターを弱火で溶かし、にんにくをいためます。香りが出たら、たまねぎを入れ、こげないように5～7分じっくりいためます。

③ 肉を加えていためてから、残りの野菜を加え、中火にしていためます。全体に油がなじんだら、分量の水を加え、アクをとりながら、10分ほど煮ます。

④ 火を止め、牛乳とカレールウを加えてルウを溶かします。再び弱火にかけ、とろみがついてきたら、味をみて塩、こしょうをふります。

⑤ 皿にごはんとカレーを盛りつけます。

野菜の和風ポトフ

だいこんを中心に、こんぶの味で煮こみます

70分
主菜
310kcal

材料（4人分）

野菜は全部そろわなくても合計分量があれば作れ、また下の野菜に代えても作れます。
◎印の野菜は必ず入れます。

野菜　合計約900g
◎だいこん …1/3本（400g）
　れんこん ………150g
　にんじん …3/4本（150g）
　ねぎ ………2本（200g）

代わりになる野菜
　かぶ、セロリ、やまいも、ごぼう、たけのこ

豚肩ロース肉（かたまり）
　………………400g
塩 …………大さじ1

煮汁
A ┌ 水 ………カップ6
　└ こんぶ …………5cm
B ┌ 塩 ………小さじ1/2
　└ こしょう ………少々

野菜たっぷり料理

作り方

① だいこんは2cm厚さの輪切りにして皮をむき、面とりします。
② ほかの野菜はすべて大ぶりに切ります。
③ 豚肉は4〜5cm角に切り、手で塩をもみこんで10分ほどおきます。熱湯に入れ、肉の表面が白くなる程度にゆで、ざるにとります。
④ 厚手の鍋に、A、だいこん、肉を入れて強火にかけます。沸とうしたら弱めの中火にし、アクをとりながら20分ほど煮ます（鍋のふたはしません）。
⑤ ②の野菜を加え、鍋のふたをずらしてのせ、さらに30分煮ます。味をみてBでととのえます。

▶ 900gはこのくらい

野菜のトマトシチュー

トマトの水煮缶詰があれば、具はお好みの野菜で

45分
主菜
245kcal

材料 （4人分）

野菜は全部そろわなくても合計分量があれば作れ、また下の野菜に代えても作れます。
◎印の野菜は必ず入れます。

野菜　合計約700g
◎たまねぎ……1個（200g）
　ブロッコリー…1/2株（100g）
　じゃがいも…2個（300g）
　にんじん…1/2本（100g）

代わりになる野菜
　きのこ、セロリ、かぶ、さやいんげん、水煮の豆など

牛もも肉（薄切り）……150g
A［塩・こしょう…各少々
　　小麦粉………大さじ1］

煮汁
　バター……………10g
B［トマト水煮缶詰
　　　………1缶（400g）
　　水…カップ1・3/4（350ml）
　　白ワイン……カップ1/4
　　固形スープの素…1個
　　ローリエ………1枚］
ウスターソース………小さじ1
塩・こしょう………各少々

トッピング
　サワークリーム…大さじ4
　パセリ・ルッコラなど
　　………………少々

▶ 700gはこのくらい

作り方

① 具の野菜は4cm大くらいの大ぶりに切ります。
② 牛肉は4〜5cm長さに切り、Aをまぶします。
③ 厚手の鍋にバターを中火で溶かし、たまねぎをいためます。しんなりとしてきたら、肉を加え、色が変わるまでいためます。ブロッコリー以外の野菜も加えていためます。
④ 油がなじんだら、Bを加えます（トマトはホールでもつぶさなくてOK。缶汁ごと）。鍋のふたはずらしてのせ、時々混ぜながら30分ほど煮こみます。
⑤ ブロッコリーを加えて5分ほど煮ます。仕上げにウスターソースを加え、味をみて、塩、こしょうで味をととのえます。盛りつけて、サワークリームとパセリなどをのせます。

山菜
wild vegetables

個性派野菜

山菜の天ぷら
山菜ならではの形を生かしてカラリと揚げましょう。天ぷらなら、たいていの山菜はアク抜きなしで揚げられます。写真はふきのとう、たらの芽、こごみ、うど（うどの天ぷら→p.17）。

食卓に春を運ぶ山菜。独特の味わいとともに、多くはアクがあるのも特徴です。栽培ものが増え、手に入りやすくなっています。

▶ **よく使う料理**
多くは、天ぷらでおいしく食べられ、おひたしやごまあえなどにも。

▶ **調理のヒント**
・味や香りが高い、新鮮なうちに食べる。
・自生の山菜は念入りに洗う。
・たいていのアクは、ゆでるか、ゆでて水にさらす程度で抜ける。ほかに、たけのこは、ぬかや米のとぎ汁でゆで（→p.102）、ふきは板ずりをしてゆで（p.142）、うどは酢水につけて（p.16）アクを抜く。
・ふきのとうのアク抜き2〜3分ゆでて水に約10分さらす。食べてみてアクが強ければ、水をとりかえながら長くさらす。

のびる
ねぎの仲間。白くやわらかい部分を、生のままみそをつけて食べたり、ゆでて酢みそあえに。

たらの芽
たらの木の新芽で、栽培もされている。つけ根にある茶色い部分を除く。アクは少ないので下ゆでは不要。天ぷら、ごまあえなどに。

うるい
ぎぼしとも呼ぶ。味、香りともにクセがなく、シャキシャキとした食感とわずかなぬめりが特徴。あえもの、おひたし、サラダのほか、油いためにも。

こごみ
くさそてつの若芽。名の由来は、かがむ（こごむ）ような姿から。アクは少ないので、ゆでれば食べられる。酢みそあえ、白あえ、おひたしなどに。

つくし
ほろにがさがある。頭が開いていないものがよい。茶色のはかまはえぐ味があるのでとり除く。椀だねやおひたし、きんぴら、卵とじなどに。

ふきのとう
ふきの蕾。土から出て花のあとに茎がのびる。ふきみそや、いため煮に。アクが強いので、天ぷら以外はアク抜きをする。

山菜のおいしい食べ方例

たらの芽のごまあえ
くせのない新鮮な味わい

2人分 たらの芽…50g、A（白すりごま…大さじ2、酒…小さじ1、しょうゆ・マヨネーズ…各小さじ1/2）

たらの芽は茶色い部分を除いて、塩少々（材料外）を加えた湯で1分ほど、色よくゆでます。Aであえます。

こごみのおかかじょうゆ
シャキシャキした歯ざわりが身上

2人分 こごみ…50g、だしじょうゆ（だし…小さじ1、しょうゆ…小さじ1、みりん…小さじ1）けずりかつお…2g

こごみを熱湯でゆでて水にとり、3～4cm長さに切ります。盛りつけて、だしじょうゆをかけ、けずりかつおをのせます。

ふきみそ
ほろにがい味でごはんがすすむ

4人分 ふきのとう…3個（30g）、ごま油…小さじ1/2、A（みそ…80g、砂糖…30g、酒…大さじ2、みりん…大さじ1・1/2）

① ふきのとうは汚れた部分だけを除き、熱湯に丸ごと入れて2～3分ゆで、水に約10分さらします（食べてみてアクが強ければ、水をかえながら長くさらす）。水気をしぼって細かくきざみます。

② Aを合わせます。①を油でさっといため、Aを加えて弱火で1～2分混ぜます。

のびるの酢みそあえ
マイルドなねぎの味がします

2人分 のびる…100g、ほたるいか…50g 酢みそ（白みそ…大さじ1・1/3、砂糖…大さじ1/2、酢…大さじ1、練りがらし…小さじ1/2）

① いかは熱湯にさっと通し、酢少々（材料外）をふります。

② のびるは葉先を落とし、根の部分が大きければ切りこみを入れ、熱湯でゆでます。水気をきって3cm長さに切ります。

③ いかとのびるを酢みそであえます。

サラダの葉もの野菜
salad leaves

※ 個性派野菜

サラダによく使う葉もの野菜。味や形の違いをうまく使えば、サラダのバリエーションが広がります。

▶ 保存
葉もの野菜は乾燥でしおれやすいので、ポリ袋に入れて冷蔵。いたんだ葉や、茶色い芯の切り口は、そこからいたむのではずし、切り口は少し切りとる。

▶ 調理のヒント
サラダの葉ものは食感が大切。冷水に3分ほどさらすとパリッとする。ふきんで包んで上下にふり、水気をしっかりきる。時間をおく場合は、このあと密閉して冷蔵庫に入れておく。

レタス
パリッとした歯ざわりが身上。持ってみて軽く、巻きがあまいほうが、にがくなくておいしい（→p.166）。

サニーレタス
葉は薄くて歯ざわりはやわらかく、ほろにがい。結球せず、葉先は縮れて赤紫色。

ロメインレタス
はくさいを小さくしたような形。ほのかなにが味がある。外葉はいためものにも使える。エーゲ海のコス島原産で、コスレタスともいう。

トレビス
チコリと同属の野菜で、赤芽チコリとも呼ぶ。使い方もチコリと同じ。旬は冬～春。

ベビーリーフ
レタスやハーブ類など野菜の幼葉を数種類摘みミックスしたもの。乾燥ぎみなら水気をふってポリ袋に入れ、野菜室に。早めに使う。

サラダ菜
葉は厚みがあるが、やわらかく、なめらかな口当たり。

プリーツレタス
葉は薄く、歯ざわりはやわらかい。結球せず、葉先が細かく縮れているのが特徴。

エンダイブ
シャキシャキした食感とほろにがさが特徴。にが味とかたさをやわらげるために、葉を結んで光を遮る作業をへて出荷。

ルッコラ
ごまの香りとほろにがさが特徴。ロケットとも呼ぶ。ビタミンC、鉄分がとても多い。

チコリ
キク科植物の若芽。ほろにがく、シャキッとした歯ざわり。サラダのほか、グラタンなど加熱料理にも使う。チコリは英名、仏名はアンディーブなのでエンダイブと間違えやすい。

サラダ野菜のおいしい食べ方例

シーザーサラダ
レタス類が複数あると楽しい

2人分 好みのレタス類…100g、トマト…1個、フランスパン…40g、ドレッシング(粉チーズ…大さじ1、レモン汁…大さじ1、マヨネーズ…大さじ1)

① 好みのレタス類はちぎり、水に放してパリッとさせます。トマトは6つに切り、パンは食べやすく切ります。
② ①を盛り合わせ、ドレッシングをかけます。

ルッコラとトマトのサラダ
ごま風味のルッコラを和風ドレッシングで

2人分 ルッコラ…15g、ミニトマト…3個、ドレッシング(レモン汁または酢…大さじ1、しょうゆ…小さじ1、砂糖…少々、サラダ油…小さじ2)

① ルッコラは水に放してパリっとさせます。トマトは半分に切ります。
② 食べる直前に、ドレッシングであえます。

ロメインレタスサラダ
レタスをバリバリと豪快に食べる方法

2人分 ロメインレタス…小1/2株、塩・こしょう…各少々、パルミジャーノチーズ・オリーブ油…各適量

レタスを縦半分にし、葉がはずれるように葉元を落として皿に盛ります。塩、こしょう、チーズを散らし、オリーブ油をふりかけます。

チコリのオードブル
ボート形の葉が持ちやすく食べやすい

2人分 オイルサーディン…1/2缶(40g)、しょうゆ…少々、レモン…1/6個、チコリ…1個、こしょう…少々、チャービル…少々

① サーディンは汁気をペーパーでおさえ、しょうゆをふります。レモンは薄いいちょう切りにします。
② チコリの葉1枚ずつに①をのせ、こしょうをふり、チャービルを飾ります。

フレッシュ
ハーブ
herb

洋風やエスニック料理では、生のハーブをよく使います。料理に加えて加熱したり、生で飾り用にしたりと調理中の出番はさまざまです。

バジル
シソ科。イタリア料理やトマトの料理に、生でよく使う。乾燥でしおれやすいので、使う直前にとり出す。

ローズマリー
シソ科。強い香りで、肉や魚から野菜料理全般によく合う。枝ごと、または葉をしごいて使う。おもに加熱料理に。

タイム
シソ科。さわやかな香りが肉や魚のくさみを消す。煮こみ料理、オーブン料理に。

オレガノ
シソ科。肉、魚料理のほか、トマトやチーズの料理に合う。ピザではおなじみ。加熱でも生でも使う。

セージ
シソ科。ソーセージの中身に混ぜたり、肉料理に使う。芳香でくさみを消し、油調理によく合う。

チャイブ
ユリ科でねぎの仲間。きざんでスープに散らしたり、オムレツ、ドレッシングに加える。別名シブレット。

ディル
セリ科。さわやかな香りで、生で葉と茎を魚のマリネやドレッシングに加える。

パセリ
セリ科。料理の彩りとしてよく使うほか、ソースやスープの香味として加える。

チャービル
セリ科。形や香りがやさしい。スープやソースに散らしたり、料理に添える。別名セルフィーユ。

イタリアンパセリ
セリ科。縮れ葉のパセリよりも香りはおだやか。生で料理に添えたり加えるほか、加熱料理にも。

ミント
シソ科。ハッカの香りはハーブティーでおなじみ。肉にかけるソースに加えたり、タイなどのエスニック料理に使う。

香菜 （シャンツァイ）
セリ科。独特の強い香りで魚肉料理などに使う。根も使える。中国、東南アジアの料理に。別名パクチー、コリアンダー。

▶ 保存
冷蔵 葉がやわらかくて水分の多いもの（バジル・イタリアンパセリ・チャービルなど）はパックのまま保存し、2〜3日で使いきる。葉が水っぽくなくてしっかりしているもの（ローズマリー・タイム・オレガノなど）はぬらしたティッシュで根元を包み、密閉容器に入れれば1週間ほどもつ。

冷凍 葉がしっかりしているものは冷凍可能だが、変色するので加熱調理に使い、凍ったまま加える。パセリは、きざんだ葉を密閉容器に入れて冷凍しておくと、すぐに使えて便利（→p.191）。

▶ 調理のヒント
香りがとんだり、葉がしおれたりしやすいので、ハーブは使う直前に洗う。

個性派野菜

フレッシュハーブを生かした料理例

スモークサーモンの ディルドレッシング
ディルのほか、イタリアンパセリ、チャイブで

2人分 スモークサーモン…4枚、きゅうり…1/2本、ディル…3〜4枝、A(酢…小さじ1、オリーブ油…小さじ2、塩・こしょう…各少々)

1. きゅうりは皮をむいて輪切りにし、熱湯でさっとゆでます。サーモンと盛りつけます。
2. ディル2枝をみじん切りにしてAと合わせ、①にかけます。残りのディルを添えます。

えびの香菜いため
香菜のほか、パセリ、チャイブ、しその葉で

2人分 えび…6尾(100g)、A(香菜…2枝、にんにく…小1片)、B(砂糖・水…各大さじ1/2、ナンプラー…大さじ1、赤とうがらしの小口切り…小1/2本分)、サラダ油少々、香菜適量

1. Aをみじん切りにして、Bと合わせます。
2. えびは殻つきのまま背わた、足をとります。
3. フライパンに油を熱して、えびをいため、①を加えてからめます。香菜とレモン少々(材料外)を盛り合わせます。

バジルトマトのブルスケッタ
バジルのほか、タイム、オレガノで

2人分 トマト…1個(150g)、A(にんにくのすりおろし…小さじ1/4、オリーブ油…小さじ1/2、塩・こしょう…各少々)、バジル…2〜3枝、フランスパンの薄切り…6切れ

1. トマトを6〜7mm角に切り、Aと合わせます。
2. バジルは飾りを残し、ほかは葉をあらくきざんで①と混ぜます。
3. パンをカリッとトーストし、②をのせます。

白身魚のハーブパン粉焼き
ハーブはタイム、ローズマリー、パセリなど

2人分 かじき…2切れ、塩・こしょう…各少々、A(パン粉…カップ1/4、ハーブのみじん切り…大さじ1、にんにくのみじん切り…小さじ1/2、オリーブ油…大さじ1)、オリーブ油…大さじ1/2、ミニトマト…4個　ハーブ少々

1. Aを合わせてハーブパン粉を作ります。
2. 魚に塩、こしょうをふって5分ほどおきます。水気をふいてAをまぶします。
3. フライパンに油を熱して魚を焼きます。

野菜の保存の基本

① 早めに食べる

野菜は呼吸して生きています。長く保存すると、うま味も栄養分も減ってしまうので、できるだけ早めに、新鮮なうちに食べましょう。

② "冷蔵庫の野菜室で"が基本

野菜の保存はおおむね、冷蔵庫の野菜室が適当です。野菜室は冷蔵室より、温度・湿度ともに高めになっています。この本の文中では「野菜室」と書いています。

③ "常温保存"が向く野菜もある

冷蔵庫に入れる必要がない野菜や、低温がにがてな野菜もあります。新聞紙に包むなどして、乾燥しないように、また、むれないようにし、涼しい場所（冷暗所）に保存します。ただし、使いかけは、ラップをして野菜室に入れます。

- ●常温保存でよい野菜
  なす　さつまいも　さといも　泥つきごぼう　にんにくなど
- ●常温保存でよいが、暑い時期は野菜室に
  じゃがいも　たまねぎ　だいこん　はくさい　アボカド（熟したら野菜室）など

④ 乾燥は禁物

野菜は水分が蒸発すると、しおれたり、いたみが早くなったりします。新聞紙やポリ袋で包み、乾燥しないようにします。切って使いかけた野菜は、切り口からいたみやすいので、切り口をラップで密閉します。

＊この本の中で「ポリ袋」とある場合、買ったときの袋でもかまいません。長くおいしく保存したい場合は、鮮度保持機能がある市販の野菜保存用袋に移すと効果的です。

⑤ 捨てるより、ゆでて保存

野菜はゆでれば、たいていは冷蔵で2～3日もち、すぐ食べられて便利です。使いかけなどを食べずに捨ててしまいがちなら、しまわずに、とりあえずゆでておきましょう。

野菜の保存のコツ

① 生まれた向きで置く

野菜は、栽培されている状態で置くのがベター。たとえば、アスパラガスなど立って生えている野菜を寝かせると、立とうとして、余分なエネルギーを使って老化しやすいからです。

② 洗わないほうがいい

買ってきた野菜は、ふつうは洗わないほうが長もちします。すぐに使いたいなどで、洗っておく場合は、水気をよくふいてからしまいます。

③ 葉つき野菜の保存

だいこんやかぶ、セロリなど、葉つきの野菜は葉から水分が逃げてしまい養分も使うので、そのまま置くと根などがスカスカになってしまいます。そこで、葉と、根や茎の部分とを切り離して保存します。葉はしおれやすいので、ゆでて冷蔵・冷凍しておくとすぐ使えて便利です。

④ 完全密閉はしない

野菜は呼吸をしていて、自身の養分を消費しています。ポリ袋などに入れて保存すると、この呼吸が抑えられ、老化を遅らせることができます。ただし、密閉しないように。密閉すると呼吸できず、水滴もついて、野菜がいたみやすくなります。袋の口は、折る程度でよいでしょう。なお、専用の野菜保存用袋は適度に呼吸ができるしくみになっています。

⑤ むれないように

特に葉ものはしっかり束ねて売られていますが、そのままだとむれて、いたみの原因になります。すぐ使わずに保存する場合には、テープをはずして保存します。

野菜の冷凍保存の基本

① "生野菜は冷凍に向かない" が基本

水分や繊維が多いので、冷凍すると水分が膨張して組織がこわれ、しんなりしたり、繊維が残って口あたりが悪くなりがちです。

> **冷凍に向かない野菜例**
> かいわれだいこん・しその葉・せり・みつば・みょうが・ししとうがらし・じゃがいも・だいこん・たけのこ・ズッキーニ・なす・もやし・レタス・とうがん

② "野菜は加熱して冷凍" も基本

ポイント かために加熱・すぐ使える形で・密閉して

ゆでる、いためるなどして冷凍します。加熱しすぎると解凍のときに水っぽくなるので、かために加熱がコツです。また、すぐ使える形で（切ったり、小分けしたり）冷凍するのもポイント。ラップで包み、保存袋や密閉容器に入れるなどします。保存期間のめやすは約1か月。元々の野菜の状態や家庭での保存状態によって前後します。

かためにゆでて冷凍

キャベツ・はくさい
カリフラワー
ブロッコリー

アスパラガス
にんにくの芽

枝豆・グリーンピース
そら豆・さやいんげん
さやえんどう

ごぼう（歯ごたえは少し悪くなる）
にんじん（薄切りで）

れんこん・さつまいも
さといも

オクラ・かぼちゃ
とうもろこし(粒)・栗

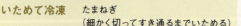
青菜（ほうれんそう・しゅんぎく・こまつな）
チンゲンサイ・タアサイ
菜の花・モロヘイヤ（きざんで）
かぶの葉

いためて冷凍　たまねぎ
（細かく切ってすき通るまでいためる）

野菜の冷凍保存のコツ

① 細かくすれば生のまま冷凍できる野菜もある

ポイント 冷凍する前に水気をとる・加熱調理に

細かく切る、つぶすなど、繊維をこわせば、生のまま冷凍できる野菜もあります。生を冷凍した場合は、早め（約2週間程度）に使います。解凍時に水っぽくなったり、かたまりになったりするので、冷凍の前にペーパータオルなどで水気をよくとるのがコツ。

生を冷凍できる野菜例

キャベツ・にんじん・はくさい・ゴーヤ・ピーマン（少しゆでた食感になる）**・にら・みず菜**
細切り、小口切り、短く切って

トマト
丸ごとラップで包んで。水につけると皮がツルッとむける

きのこ
ぬらさずに根元を除き、小分けして

やまのいも
細切りか、すりおろして

香味野菜は生で冷凍できて便利

しょうが
1回分ずつ切ってでも、薄切りやみじん切りでも、すりおろしでも

ねぎ
小口切りにし、ペーパーで水気をとる

ゆず
皮をそぎ切りやせん切りにして。丸ごと冷凍なら、使うときはす早く使って再冷凍

パセリ
ペーパーで水気をとり、みじん切りにして

にんにく
1片ずつ皮をむいたものでも、スライスやみじん切りでも

② 冷凍した野菜は凍ったまま加熱調理

冷凍した野菜を解凍すると、水が出て、うま味も逃げたり、野菜によっては色や形が悪くなったりします。そこで、多くは、解凍をしないで、凍ったまま加熱調理が向きます。サラダなに使うときは、解凍して水気をとります。薬味を生で使う場合は、少量なのでそのまま使えます。

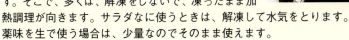

料理研究　ベターホーム協会
　　　　　　（鶴巻裕子・三笠かく子・横山ひとみ）
　撮　影　　大井一範
スタイリング　青野康子
　装　画　　平野恵理子
ブックデザイン　熊澤正人・八木孝枝（パワーハウス）

実用料理シリーズ
ベターホームの野菜料理

初版発行　　　　1988年 7月 1日
改訂1版初刷　　2007年 3月 1日
改訂1版12刷　　2016年 4月30日

編集・発行　　ベターホーム協会
　　〒150-8363
　　東京都渋谷区渋谷 1-15-12
　　〈編集〉Tel. 03-3407-0471
　　〈出版営業〉Tel. 03-3407-4871
　　http://www.betterhome.jp

ISBN978-4-86586-025-2
乱丁・落丁はお取替えします。本書の無断転載を禁じます。
ⓒThe Better Home Association, 2007, Printed in Japan